클래식 리더십

MAESTRO
by Roger Nierenberg

Copyright ⓒ Portfolio, 2009
Korean Translation Copyright ⓒ Geulhangari Publishing Copr., 2009

All rights reserved including the right of reproduction in whole or in part in any form.
This edition published by arrangement with Portfolio, a member of Penguin Group (USA) Inc.
through Shinwon Agency Co.

이 책의 한국어판 저작권은 신원 에이전시를 통해
Portfolio사와 독점계약한 (주)글항아리에 있습니다.
저작권법에 의해 한국 내에서 보호를 받는 저작물이므로
무단 전재 및 무단 복제를 금합니다.

이 도서의 국립중앙도서관 출판시도서목록(CIP)은 e-CIP홈페이지(http://www.nl.go.kr/ecip)에서 이용하실 수 있습니다.
(CIP제어번호 : CIP2009003578)

클래식 리더십

Maestro

로저 니른버그 지음 | **김규태** 옮김

에쎄

차례

잘못된
길을 가다

회의가 더이상 통제 불가능한 방향으로 흐르기 시작했다.

화가 난 사라의 목소리가 커졌다.

"전 이번 신상품 개발을 두고 우리가 왜 이렇게 토론에 시간을 쏟아붓는지 잘 이해가 안 돼요. 고객은 이런 데 관심조차 없을 텐데요. 우리에게는 고객이 원하는 제품에 대한 리서치 자료가 다 있어요. 이번 신상품은 고객이 원하는 게 전혀 아니잖아요!"

릭이 자제력을 잃은 듯 날카롭게 되받았다.

"사라, 창 밖 세상이 어떤지 자세히 좀 살펴봐요! 경제가 어떻게 돌아가는지 얘기도 못 들었어요? 고객들은 지금 자신이 무얼 원하는지조차 몰라요. 조사한 자료가 맞는지는 몰라도 당신은 고객과 직접 부딪치는 영업팀 판매사원들처럼 최일선에서 뛰는 건 아니잖아요."

릭이 앞에 놓인 서류를 흔들어 보이며 말했다.

"여기 적힌 영업 수치들 좀 보세요! 고객들은 이제 전부터 쭉 애용하던 제품조차 거들떠보지 않는단 말입니다! 이 업계에서 살아남으려면 뭔가 새로운 상품을 선보이는 수밖에 없어요!"

"글쎄요."

사라의 말투가 더욱 날카로워졌다.

"판매가 계획대로만 이루어지면 회사가 현재 보유한 품목만으로도 만족할 만한 영업 실적을 거두는 데는 문제가 없을 텐데요."

나는 말콤이 끼어들까 말까 망설이는 걸 눈치 챘다. 그래서 얼른 그에게 의견을 말해보라고 했다.

"고객이 무엇을 원하는지 아는 것만으로는 충분하지 않아요. 우리가 내놓은 상품을 사기 위해 고객이 벌떼처럼 달려들 만한 무언가 특별한 걸 찾아야 합니다."

"잠깐만요."

마이크도 끼어들었다.

"그렇게 부리나케 서두를 필요 없어요. 우리 회사는 지난 10년간 저렴한 가격에도 뛰어난 품질을 자랑하는 멋진 상품을 여러 번 개발했잖아요. 값비싼 신상품을 내놓자는 아이디어는 별로 적절하지 않아요. 지금 경제 상황으로 봐선 소비자가 감당할 수 없는 높은 가격으로 나온 상품이면 품질이 아무리 좋아도 팔릴 리가 없어요. 이 점을 간과하면 안 되죠."

"네, 하지만 회사가 충분히 활용할 만한 신기술을 최대한 살릴 수도 있잖아요?"

에단이 불쑥 내뱉었다.

"우리는 지금까지 개발이 가능한 혁신적인 아이디어를 수차례 내놓았어요. 영업팀과 마케팅팀에서 그 아이디어들을 매번 거부만 하지 않았다면 개발이 벌써 이루어졌을 텐데요."

해결사는 정면 승부를 좋아한다

나는 오래전부터 이와 비슷한 회의 진행에는 익숙하다. 마케팅, 영업, 전략, 제조, 연구개발팀 책임자가 모여 서로 상대방 말꼬리 잡는 데 혈안이 된 자리 말이다. 나는 당장 이런 식의 모임을 그만두게 해야 한다고 생각했다. 말싸움이 상황을 급속도로 악화시키기 때문이다.

"자, 여러분 진정하세요. 이렇게 언쟁만 하면 문제가 해결됩니까?"

내가 이 문제 많은 사업 부문을 맡게 된 지도 벌써 두 달이 지났다. 그동안 내가 관리하는 팀이 별 뾰족한 성과도 이뤄내고 있지 못한 것을 모르진 않는다. 회사 경영진에서는 나에게 하향 곡선을 그리는 판매 실적을 회복하라는 임무를 부여했다. 즉 회사의 수익성을 예전처럼 회복하는 것이 내가 해야 할 일이었다. 처음엔 나도 자기 분야에서 경험 많은 책임 자급에 대한 기대가 무척 컸다. 이들이 바로 내 팀을 구성할 인재였기 때문이었다.

지난 25년간 내가 이끌었던 부서는 모두 크든 작든 목표치를 초과 달성하는 데 성공했다. 이번에 맡은 팀은 최고의 리더들로 구성된 만큼 큰 성공을 거둘 절호의 기회인 셈이었다. 나는 우리 팀 구성원들이 각자 재능을 발휘하여 실적을 올릴 것으로 확신했다. 다만 문제가 있다면 강력한 리더십이 부족한 것뿐이라고 판단했다. 나는 머지않아 이 팀이 과거에 이룩했던 높은 실적을 재현하도록 하겠다는 열망에 타올랐다.

그러나 예상은 여지없이 빗나갔다. 이번 팀은 내가 예전에 만났던 팀과 전혀 달랐다. 팀 구성원의 자질과는 별개의 문제였다. 이번 회사에서 만난 전문가들은 각자의 위치에서 생겨난 직업의식이 화석처럼 굳어 있었다. 그런 까닭에 회의 주제에 집중하지 않고 줄곧 제 목소리를 높이는 데에만 열중했다. 모두 뛰어난 인재들이었지만, 놀라운 것은 잠재적으로 공동체의 일원이라는 점을 전혀 인식하지 못하고 있다는 사실이다. 어쩌면 애초부터 '일치'라는 말 자체를 받아들이고 싶지 않은 건지도 몰랐다.

"저는 문제에 정면으로 부딪혀볼 생각입니다."

또 한 번의 결실 없는 상품 개발 회의가 끝난 후, 나는 팀원들에게 한 가지 계획을 말했다.

"이번 주에 한 명씩 만나 일대일로 의견을 들어보겠어요. 그런 다음 의견을 모두 수렴하여 해결책을 모색할 생각입니다."

지금까지의 경험에서 비춰볼 때, 문제가 있으면 그 문제를 잘게 나눠서 생각하면 해결의 실마리를 찾을 수 있었다. 마치 비슷비슷한 조각 그림을 서로 맞추는 것처럼 나는 여러 부분을 조합해서 하나의 완성품으로 만드는 과제를 참 좋아했다. 특이하게 생긴 조각들을 하나하나 분리한 다음 제자리를 찾아주는 것에서 더할 수 없는 성취감을 맛보았다. 하지만 이번에 일하게 된 회사는 이런 능력을 훌쩍 뛰어넘는 거대한 조각 덩어리였다. 먼저 나를 도와 팀 구성원이 될 명단을 작성했다. 이번 작업은 결코 혼자서 모든 걸 해결할 수 있는 규모가 아니었다. 게다가 우리 팀이 과연 조각 그림을 맞출 능력이 있는지 의심마저 들기 시작했다.

걱정했던 것과는 달리 일주일 후부터 시작된 담당 부서 대표들과의 개별 면담은 순조롭게 진행되었다. 나는 미팅에서 만난 대표가 저마다 자기 부서가 겪는 일상적인 문제와 과제를 해결하는 방법을 잘 알고 있다는 사실에 깊은 감명을 받았다. 또 1년에 네 번 있는 팀별 업무 성과를 측정하는 일에 대해서도 얼마나 열정적인지 눈앞에서 느낄 수 있었다. 나는 팀 대표들이 무엇을 우선적으로 생각하는지 알게 되었다. 그리고 회사의 미래를 각자 어떻게 그리고 있는지도 들을 수 있었다. 각 부서를 대표하는 사람들의 의견을 모두 들은 후, 나는 대표들이 전부 동의할 만한 공통분모를 찾을 수 있을 것으로 굳게 믿었다. 그렇게 되면 모든 부서가 함께할 수 있는 최상의 방법을 찾아낼 것이라고 확신했다.

개별 면담 후 처음 갖게 된 전체 회의 때, 나는 우선 직원들에게 피드백을 해준 것에 대해 고마움을 표했다. 그리고 내가 팀 대표들의 말 하나하나에 귀를 기울이고 있다는 점을 강조해서 직원들을 안심시켰다. 나는 직원들에게 새로운 영업 전략을 발표했다. 그런 다음 각 부서에서 수행해야 할 업무에 대해 설명했다. 직원들이 계획을 제대로 이해하는 것이 무엇보다 중요했기 때문에 업무 수행과정을 쉽게 파악할 수 있도록 도표를 만들어 보여주는 것도 잊지 않았다.

프레젠테이션이 끝나자 회의실 안에는 침묵만이 감돌았다. 질의 답변 시간에도 아무런 질문이 나오지 않았다. 나는 직원들이 모두 계획을 이해한 것으로 믿었다.

'성공이다!'

드디어 우리 팀이 과거의 부서 간 알력을 뒤로하고 한 가지 뚜렷한 계획을 실행하기 위한 첫걸음을 내디뎠다고 생각하자 절로 안도의 한숨이 나왔다.

그러나 그후 몇 주 동안 내가 목격한 장면은 그간 품었던 기대를 여지없이 무너뜨렸다. 팀 대표들은 자신이 속한 부서의 실적에만 전적으로 관심이 있는 것이 아닌가!

그나마 있던 부서 간의 협력마저 마비되는 사태가 벌어졌다. 직원들은 각자의 자리에서 열심히 일했지만 마치 눈가리개를 하고 일을 하는 것 같았다. 내가 아무리 노력해도 상황이 크게 달라질 것 같지는 않았다.

그러던 어느 날, 나는 최고경영자^{CEO}의 입에서 청천벽력과도 같은 폭탄선언을 듣고 말았다.

"일은 잘되고 있나?"

CEO가 물었다.

"네, 잘 진행되고 있습니다. 훌륭한 계획을 하나 세웠는데 현재 실행 중입니다."

"그런가? 들리는 소문에 따르면 자네가 이끄는 팀 내부에서 협동 작업이 형편없다는 얘기가 있던데. 게다가 자네의 리더십에 불만을 느끼는 직원도 있고 말이야. 일이 제대로 추진되는 것 같지 않아서 하는 말일세. 자네가 이 사실을 알고 싶어할 것 같아 말해주는 거라네."

어떻게 이런 일이? 나는 손수 세부 계획을 짠 다음 팀 대표들에게 해야 할 일을 배분했다. 차트를 만들어서 자세히 설명까지 했기 때문에 모두 목표를 이해하는 걸로 믿었다. 게다가 내 의견에 이의를 제기하는 목소리도 나오지 않았는데 이게 무슨 일인가? 한동안 깊은 충격에서 헤어나지 못했다. 하지만 팀 내부의 협동 작업에 문제를 제기한 것보다 더 이해할 수 없는 건 바로 리더로서의 내 자질을 비난했다는 것이다. 예전에 관리했던 여러 팀을 대했던 방식 그대로 실천한 것뿐인데 대체 이 회사에는 무슨 차이가 있어서 이번에는 통하지 않는 것일까?

나는 CEO의 얘기에 적잖이 당황한 나머지 비참한 기분마저 들었다. 한술 더 떠 지난 두 달 동안 새로운 회사에 몸담아 일에 전념했고 그러면서 느낀 실망감에 대한 보답이 겨우 이런 건가 싶었다. 그 일이 있은 뒤로 하루 중 가장 즐거운 시간은 퇴근 후 헬스클럽에 가는 것이 되었다.

고집 센 사람들 길들이기

퇴근 후의 체력 훈련이 여느 때보다 길어진 어느 날이었다. 집에 돌아와 보니 열여섯 살 된 딸아이가 거실에서 바이올린 레슨을 받고 있었다.

냉장고에 남은 음식을 뒤적이는 동안 레슨을 하러 온 강사인 로버트 피어슨의 말을 우연히 들었다. 로버트는 자신이 몸담고 있는 오케스트라에 새로 부임한 지휘자에 대해 말하고 있었다.

"그 사람은 나처럼 고집 세고 독립심이 강한 사람들을 하나로 뭉치게 만드는 보기 드문 능력을 지녔어. 자신이 타인과 다르다는 생각을 일단 못 하게 한 다음 활기찬 연주를 위해 모두 협력하도록 이끌거든."

고집이 센 사람들이라고? 자신이 타인과 다르다는 생각을 일단 접게 만든다고? 이런, 어디서 많이 들어본 소리 같은데……. 나는 고집불통에다 제멋대로인 전문가들을 서로 협력하게 만든 그에 대해 더 많이 알고 싶었다. 즉시 밖으로 나가 로버트가 있는 차 쪽으로 걸어갔다.

"오케스트라에 새로 왔다는 지휘자에 대해 하는 말을 우연히 들었어요. 아까 그 사람을 두고 얘기할 때 무척 들떠 있는 것 같더군요."

"네, 그랬어요. 아까 말한 대로 새로 온 지휘자가 어떤 방법을 쓰는지는 우리도 잘 몰라요. 하지만 그 사람은 오케스트라 연주자들이 하나의 소리를 내게 만들어요. 그래서 우리는 자신의 예술적 재능을 최대한 살려 악기를 연주하지요. 그가 지휘대에 올라서면 나와 다른 연주자의 차이가 마법처럼 사라지는 것 같아요. 우리 역시 지휘자를 신뢰하는 마음이 점점 더 커지지요. 자신감도 늘고요."

"지휘자를 믿는다고요?"

내 질문에 로버트는 대답을 망설였다.

"네, 아마도 그런 감정인 것 같아요. 하지만 더 정확히 말하면 지휘자가 우리를 굳게 믿는 느낌이랄까요? 그래서인지 우리도 전보다 연주를 더 훌륭하게 소화해내는 것 같습니다. 그 사람이 어떤 지시를 내린다는 느낌이 전혀 들지 않아요. 그 지휘에 맞춰 연주하다보면 내가 나란 존재보다 더 크고 위대한 무언가를 이루기 위해 노력하는 느낌이 들어요."

로버트는 새 지휘자에게서 깊은 인상을 받은 것 같았다. 나 역시 로버트가 설명한 내용을 듣고 오케스트라의 변화에 관심이 갔다. 회사에서 받는 압박감을 덜기 위해서라도 새로운 영감이 무엇보다 필요한 시기였기 때문이었다.

"그 사람이 어떻게 일을 하는지 알고 싶군요."

내 의견에 로버트가 리허설 관람을 제안했다.

"그럼, 리허설 때 오세요. 지휘자가 오케스트라를 어떻게 이끄는지 직접 눈으로 확인하면 선생님 나름대로 결론을 내리실 수 있을 겁니다."

오케스트라의 리허설을 보고 과연 무엇을 배울지 이때는 전혀 짐작할 수 없었다. 하지만 나는 꼭 한번 찾아가보기로 마음먹었다.

우리가 콘서트홀에서 보는 전문 연주자들은 대개 양복이나 검은색 긴 드레스를 입는다. 하지만 무대 뒤로 들어가보면 방금 도착한 연주자들이 걸친 평상시 복장을 볼 수 있다. 나는 그곳에서 연주자들 각각의 면모를 보았다.

이곳에는 회사 직원들보다 훨씬 다양한 부류의 사람들이 있었다. 무대 뒤에 있는 연주자들 중 격식을 갖춘 옷을 입은 사람은 한 명도 없었다. 그러나 결코 유행에 뒤지지 않는 옷차림이었다. 심지어 어떤 연주자는 운동복 바지에 티셔츠를 입고 있었다. 여성 연주자들은 아무 옷이나 대충 걸친 듯했지만 신발만큼은 굽 높은 구두에서 등산화까지 다양했다. 머리를 짧게 자른 남자도 있었고 덥수룩한 머리칼 때문에 얼굴이 잘 안 보이는 남자도 눈에 들어왔다.

무대로 발길을 돌리는 동안 나는 연주자들이 몇몇 외국어로 말하는 소리를 들었다. 평균 나이를 가늠해보니 40세는 될 것 같았다. 대학교 1학년쯤 되어 보이는 사람부터 60세는 족히 넘어 보이는 노인들도 있었다. 와, 정말 다양한 사람들이 모였구나! 그 순간, 나는 지휘자가 어떻게 합주를 이끌어낼 수 있는지 몹시 궁금해졌다.

드디어 낯익은 얼굴이 보였는데 로버트가 나를 기다리고 있었다. 로버트는 연주자들이 악기를 케이스에서 꺼내고 있던 무대로 나를 안내했다.

"전 준비가 끝났어요. 저기에 앉아 계시면 돼요!"

의자를 가리키며 로버트가 말했다.

"비올라 파트 뒤에 선생님을 위해 보조 자리를 만들었어요. 그럼, 즐거운 시간 되세요."

로버트는 다정한 손짓을 건네더니 곧바로 자신의 의자가 있는 바이올린 파트로 걸어갔다.

이때 무대 위로 연주자들이 모두 모였다. 바이올린 파트에 있던 한 남자가 일어나자 오케스트라 단원들이 조용해졌다. 그런 다음 바로 내 뒤에 있던 오보에 연주자가 길게 악기를 내불자 다른 연주자들도 악기를 불며 조율하기 시작했다. 무대 끝에 서 있던 지휘자가 조율이 끝나자 기다렸다는 듯이 지휘대로 올라갔다.

"연주자 여러분, 좋은 아침이에요."

지휘자가 먼저 운을 뗐다.

"그럼, 마지막 악장인 알레그로 비바치시모를 연주해봅시다."

연주자들은 악보를 넘기며 마지막 악장을 찾았다. 그러고는 허리를 곧게 펴고 자리에 앉더니 각자 악기를 들었다. 나는 연주자들이 모두 준비를 마치길 기다리며 단원들을 살피는 지휘자를 바라보았다. 마침내 그가 지휘봉을 들었다. 이때는 가만히 쥐고만 있었다. 콘서트홀에는 적막감만 감돌았다. 그러다 지휘자가 갑자기 날렵한 손동작으로 지휘봉을 흔들더니 음악 소리가 봇물 터지듯 쏟아져 나왔다.

나는 연주자들의 반응에 깜짝 놀랐다. 왜냐하면 출발을 알리는 총소리를 듣자마자 앞으로 질주하는 육상 선수들을 보는 것 같았기 때문이다. 빵! 연주자들은 지휘가 시작되는 바로 그 순간 누구 하나 앞서거나 뒤처지는 기색 없이 동시에 음악을 연주했다.

지금까지 살면서 이런 방식으로 음악을 들어보기는 처음이었다. 비올라 파트 뒤에 앉아 있는 동안 나는 온갖 종류의 악기에 둘러싸인 채 소리에 폭 파묻힌 느낌이었다. 내 왼쪽에는 첼로 연주자가 앉았고 뒤에는 바순과 호른 연주자가 있었다. 음악 소리가 너무나 가까이에서 들린 나머지 귀로 들리는 음악 소리와 몸속으로 파고드는 떨림vibration이 하나로 합쳐진 기분마저 들었다.

비올라 연주자들이 반복 구간의 음을 어찌나 격렬하게 연주하던지 마치 화가 잔뜩 난 사람들처럼 보일 정도였다. 무대 주변을 둘러보자 나는 연주자마다 표현 방식이나 몸짓이 서로 다르다는 걸 발견했다. 강렬하면서도 진지하게 연주를 하는 이가 있는가 하면 어떤 사람은 놀이를 즐기는 표정으로 연주했다. 지휘봉이 나타내는 작은 변화로 이런 엄청난 에너지가 실린 음악이 탄생할 수 있다니 지휘봉의 힘에 그저 놀라움을 금할 수 없었다.

어느새 지휘자가 손짓을 멈추더니 두 손을 머리 위로 향했다. 그러자 오케스트라 단원들도 서서히 연주를 멈추기 시작했다. 브레이크를 건 기차라도 완전히 멈추려면 어느 정도 시간이 걸리는 것과 같은 이치였다.

"고마워요."

지휘자는 악기 소리가 모두 멈출 때쯤 입을 열었다. 곧 무대가 쥐 죽은 듯 조용해지자 바이올린 연주자를 향해 말했다.

"바이올린팀, 활을 켤 때 좀더 신경을 써야겠어요.

포르테forte|강음를 일정하게 유지하되 활을 조금 더 가볍게 켜면 좋겠어요. 그리고 활을 켤 때는 한 음 한 음에 포인트를 주세요! 포인트가 중요해요."

지휘자는 메시지를 더욱 강조하려는 듯 고개를 끄덕이며 연주자들에게 말했다.

"하나 더! 호른과 바순은 박자에도 좀 신경을 써야 할 것 같군요. 그리고 바이올린 파트는 겹점 4분음표|겹점을 사용하면 음표의 본래 길이보다 1.75배 길다. 1+1/2+1/4 = 1과 3/4의 길이가 충분하지 않아요."

사실 나는 그가 무슨 말을 하는 건지 잘 이해가 가지 않았다. 내가 새로운 세계의 언어를 미처 이해하기도 전에 지휘자가 다시 지휘봉을 들자 합주가 시작되었다. 똑같은 곡을 두번째로 듣는 것이다. 구성이 무척 복잡한 곡이었지만 내 귀에는 모든 악기가 하나의 소리를 내는 것만 같았다. 무대 곳곳에서 울려 퍼지는 다채로운 악기가 내는 소리가 서로 어울려 완벽한 화음을 이뤘다.

리허설이 진행되는 동안 나는 서서히 어떤 패턴 하나를 발견했다. 단원들이 연주를 마치면 지휘자는 즉시 고쳐야 할 부분에 대해 지적한다. 그리고 나서 다시 연주를 시작하면 지휘자는 사소한 단점 하나라도 그냥 넘어가지 않는다. 이렇게 리허설은 1시간 15분 정도 이어졌다. 나는 그제야 오케스트라가 (기계식) 시계처럼 작동한다는 사실을 알았다. 시계를 구성하는 여러 장치가 완벽하게 맞물려야 정확한 시간을 잴 수 있는 것처럼 말이다. 그렇기에 시계공은 조그만 결함이 발견되어도 정성들여 시계를 고친다. 마찬가지로 지휘자 역시 오케스트라 단원의 연주에 작은 결점이나 부족한 부분이 발견되면 바로 지적해 문제를 해결하려고 애쓴다. 지휘자는 시계공처럼 조각들을 한데 모아 완성품을 만드는 방법을 잘 알고 있었다. 그리고 단원들을 어떻게 통제하는지 잘 아는 전문가임에 틀림없었다. 그래서 아까 음표의 길이, 포인트를 주는 한 음articula-tion[아티큘레이션, 연속된 선율을 보다 작은 단위로 구분하여 각각의 단위에 어떤 형과 의미를 부여하는 연주 기법],
화음, 박자에 대해 자세히 언급한 것이었다.

시계의 태엽이 돌아가면서 발생하는 에너지로 시계 바늘이 일정한 속도로 움직이는 것처럼 지휘봉에서 뿜어 나온 에너지가 연주자들이 소리를 내도록 이끄는 것과 같았다. 지휘봉은 에너지를 발생시키는 근원일

뿐만 아니라 곡의 빠르기를 정확하게 지시하는 역할을 했다.

리허설은 지휘자가 연주자들에게 해야 할 것과 해서는 안 될 것을 말해주는 시간이라고 하겠다. 그리고 연주자들 입장에서는 지시 사항을 실행에 옮기는 단계였다. 지휘자는 자신이 생각하는 기준에 미치지 못하면 그냥 지나치는 법이 없었다.

지휘자 없는 오케스트라

나는 바로 이러한 요구가 지휘자가 오케스트라를 성공적으로 이끄는 비결이라고 생각했다. 연주자들은 반복적인 연습으로 지휘자가 지적한 악절에 대해 그의 요구를 충족할 정도로 수정했다. 나는 로버트가 왜 지휘자에게 깊은 인상을 받았는지 이제 이해할 수 있었다. 지휘자를 다른 방식으로 표현하자면, 여러 조각들을 한데 잇는 동안 잘못된 조각을 발견한 후 다른 조각과 잘 이어지도록 잘못된 조각의 모난 부분을 다듬는 리더와도 같았다.

나는 오케스트라가 어떻게 돌아가는지 금세 눈치 챈 나 자신에 대해 자부심을 느꼈다. 그런데 그때 예상치 못한 일이 벌어졌다. 지휘자가 무대 밑으로 내려가 청중석에서 연주를 들어보겠다고 말한 것이다. 무대를 떠난 그는 아무 말도 하지 않았다. 몇 분이 지났을까? 지휘자가 콘서트홀 청중석에 자리를 잡은 걸 확인한 오케스트라 단원들이 지휘자 없이 연주를 시작했다. 그리고 방금 전에 그랬던 것처럼 완벽한 화음을 이루는 음악이 이어졌다.

솔직히 말해서 지휘자 없는 연주는 이전처럼 훌륭했다. 그런데 특정 부분에 가서는 속도가 미세하게 느려지다가 다시 원래의 빠르기를 회복하는 듯했다. 나는 연주자들이 고난도의 기술이 필요한 부분에서 실수를 한 게 분명하다고 생각했다. 그런데 그게 아니었다. 연주자들은 지휘자가 단상에 있을 때처럼 부드럽게 조바꿈 부분을 소화해낸 것이었다. 곡이 끝나자 청중석 쪽에서 지휘자가 외쳤다.

"자, 휴식!"

연주자들은 일제히 악기를 케이스에 넣은 다음 주위에 있는 동료들과 대화를 나눴다. 그러자 무대가 금세 사람들의 말소리로 활기를 띠었다.

나는 의자에서 꿈쩍도 하지 않았다. 방금 목격한 장면에 어안이 벙벙했기 때문이다. 지휘봉이 시계태엽과도 같은 것이라면 지휘봉 없는 마지막 연주는 어떻게 가능한 것일까? 지휘자의 신호 없이 연주자들이 어떻게 공연을 시작할 수 있었을까? 연주가 이어지다가 지휘자의 지시가 없는데도 어쩜 그렇게 완벽한 조바꿈을 할 수 있었을까? 머릿속이 복잡했다. 그래서 뒤에 앉은 오보에 연주자에게라도 물어봐야 직성이 풀릴 것만 같았다. 그는 아까부터 악기를 손질하던 중이었다.

"실례합니다. 질문 하나만 해도 될까요?"

"물론이죠."

연주자는 오보에를 무릎 위에 올려놓았다.

"방금 마지막에는 지휘자 없이 연주를 한 겁니까?"

오보에 연주자는 별로 대수롭지 않다는 듯 고개를 끄덕여 대답을 대신했다.

"그러니까……"

나는 내가 하려는 질문이 바보같이 들리지 않도록 애썼다.

"그게 어떻게 가능하죠?"

"우리끼리 있어도 완벽하게 할 수 있는 일이랍니다."

"하지만 그전까지만 해도 같이 했잖아요! 그리고 지휘봉에 맞추어 시작했고요!"

남자는 내 질문이 더 있기를 기다리며 앉아 있었다.

"그러니까 내 질문은 지휘자 없이도 어떻게 지휘자가 있는 것처럼 공연이 가능한지 의문이 드는 거죠."

나는 지휘대를 가리키며 말했다.

그러자 남자는 웃음을 터트렸다.

"우리는 지휘자 없이도 연주할 수 있어요. 다 각자 알아서 하는 거예요."

바로 그때, 동료 연주자가 다가와 오케스트라 위원회 모임에 대해 의논할 게 있다며 오보에 연주자에게 말을 걸었다. 그러자 남자는 내게 양해를 구하며 동료와 얘기를 계속했다.

나는 너무 혼란스러웠다. 오케스트라가 어떻게 돌아가는지 초점을 맞추며 내 나름대로 결론을 내렸지만 방금 목격한 장면과 연주자에게 들은 얘기는 전혀 일맥상통하지 않았다. 연주자들은 단원 전체를 이끌어주는 사람이 없는데 어떻게 한 몸이라도 된 것처럼 능숙하게 연주를 했던 것일까? 생각하면 할수록 더 많은 물음표가 꼬리를 물었다.

휴식 시간이 끝나고 남은 리허설이 진행되는 동안 나는 여러 생각을 반복적으로 떠올리며 의문점을 해소하려고 했다. 그러나 시간이 지나도 결론은 나지 않았다. 하지만 내가 초반에 생각했던 오케스트라 구조에 대한 이해가 잘못된 것임은 분명해졌다. 지휘자는 결코 시계공이 아니었다. 그리고 지휘봉 역시 시계태엽과는 거리가 멀었다.

인간은 집단으로 보아선 안 되고 개별적인 하나하나의 존재로 존중받아야 한다. 인간은 누구나 자신의 삶에 대한 권리를 가져야 한다. 우리는 선지자나 예언자도 (비록 그들이 무정부주의자라 할지라도) 자기 자리를 주장할 수 있는 그런 이상적인 세상을 만들기 위해 노력해야 한다.

- 이탈리아의 지휘자 브루노 마데르나

올라가지 않는
수치들

재무팀 책임자 짐이 다음 분기 재무 계획서를 보여주었다. 나는 치밀어 오르는 화를 억누르며 말했다.

"사람들에게는 얘기하지 않는 게 좋겠어요. 그랬다가는 직원들이 다른 회사에 이력서를 보내며 난리를 칠 테니까요."

회사의 현재 상황이 바뀌지 않는다면 나를 포함한 직원들이 모두 실직을 당할 지경이 된 것이다. 그리고 회사에서 가장 크게 문책을 당할 사람은 당연히 내가 될 것이었다. 그렇기에 짐이 보여준 서류에 적힌 숫자에 누구보다도 민감하게 반응할 수밖에 없었다.

이런 상황에서는 출혈이 심한 부분을 틀어막는 것이 급선무다. 최대한 지출을 줄이고 쓸데없이 돈이 새나가는 것을 막아야 한다. 예산을 삭감하고 직원 수를 줄이는 일도 불가피하다. 손실을 줄이고 수익을 내기 위해서는 회사 운영은 말할 것도 없고 재무 상황을 철저하게 관리해야 한다. 나는 각 부서마다 중요한 최종 결정을 내리기 전에 반드시 나를 거치도록 지시했다. 회사가 전반적으로 돌아가는 사정을 누구보다 잘 알아야 하기 때문이다. 부서 간의 의사소통이 제대로 이루어지지 않는 지금 상황에서 모든 정보를 알아야 할 필요가 있다. 하지만 회사 운영과 관련된 모든 정보와 지출 비용을 나 혼자서 통제한다는 것은 새로운 사업을 펼치는 데 전혀 도움이 되지 않는다.

이해할 수 없는 조직 구성원들

"회사 사람들에 대해서 내가 정말 이해할 수 없는 게 뭔지 알아요?"

나는 큰 소리로 짐에게 물었다.

"그건 바로 절호의 기회를 잡지 않고 가만히 지켜보기만 한다는 겁니다."

"예를 들면요?"

짐이 대답을 원했다.

"좋은 예가 있어요. 우리 회사 연구실에 근무하던 연구원 한 명이 제조업 관련 회의에 참석한 적이 있었어요. 그곳에서 일류 연구원들이 최근의 연구에 대해 프레젠테이션을 했죠. 우리 회사 연구원은 그곳에서 우연히 대학 시절의 룸메이트를 만났어요. 그런데 그 룸메이트는 우리 회사와는 중요한 경쟁업체였던 곳에 근무하고 있었어요. 두 사람은 각자 자신의 회사에서 하는 일과 연구 방법에 대해 얘기했어요. 그러다가 룸메이트가 신제품 개발을 위해 새로운 기술을 사용한다는 사실을 알아냈습니다. 그런데 우리 직원이 그런 숨은 진주 같은 소식을 들은 후 회사에 와서 뭘 했는지 압니까?"

짐은 잘 모르겠다는 듯 어깨를 한번 들썩였다.

"아무것도 안 했어요."

언성이 높아진 나는 그 일에 대해 느낀 실망감 때문에 금방이라도 폭발할 것 같았다.

"그 직원은 아무에게도 이 정보를 알리지 않았어요. 그런데 글쎄 지난 주에 경쟁업체가 내놓은 상품이 뉴스에 나오자 그제야 자신은 6개월 전부터 이미 알고 있었다지 뭡니까?"

"왜 아무에게도 말하지 않았을까요?"

"그거야말로 내가 묻고 싶은 겁니다. 그 직원 말로는 아무도 관심이 없을 줄 알았대요!"

나는 속이 새까맣게 타는 것만 같아 큰 소리를 냈다.

"게다가 이 일은 그냥 한 번으로 끝나는 사건으로 볼 수도 없는 겁니다."

"사실 저도 비슷한 경험을 한 적이 있어요."

이번에는 짐이 자신의 얘기를 꺼냈다.

"저희 팀 직원 하나가 금융을 주제로 한 회의에 참석했다가 경쟁 업체에서 투자자들을 상대로 한 설명회를 들었어요. 하지만 그 연사는 아무에게도 자신이 알고 있는 회사 내부의 정보를 알려주지 않았대요. 그러다 주변에서 계속 권유하자 성을 내며 이렇게 말했대요. 자신의 회사에 대해 홍보하러 온 것은 맞지만 자기 회사가 추진 중인 정보를 모두 전해 주러 온 것은 아니라고 말했다더군요."

"그런 일쯤은 요즘 아주 흔해요."

나는 계속해서 말을 이어갔다.

"영업 쪽 사람들은 자기만의 실무 경험이 있어요. 그런데 본인이 맡고 있는 분야가 아닌 다른 상품을 소개할 때 자신의 고객을 다른 영업사원에게 넘기는 걸 굉장히 꺼리는 걸 봤어요. 그렇게 되면 회사에 큰 이익이 나는데도 말이죠. 물론 고객에게서 버는 수수료를 다른 직원과 나누기 싫은 게 그 이유겠지만요."

"영업 사원들은 고객이 있기 때문에 설 자리가 있죠. 그래서인지 중요한 정보나 최고의 실무 경험도 주변 사람들에게 드러내는 걸 꺼려하죠."

짐이 대화의 결론을 내리듯 말했다.

"사람들은 누가 시키는 일만 하지 먼저 나서는 법이 없어요. 회사에 기회가 될 만한 일을 알았더라도 그냥 흘려버리지 회사를 위해 힘쓸 생각을 도무지 안 하니까요."

마음이 동요한 나머지 나는 머리를 계속 흔들었다.

"짐, 우리 회사에는 경험을 쌓은 똑똑한 직원이 많아요. 이들이 저지르는 실수를 지적하고 앞으로 해야 할 일을 지시하는 게 내 일이에요. 그렇지만 이런 방식은 직원들을 수동적인 인간으로 만들 뿐이에요. 나는 회사에 활기가 넘치고 규모 있고 야심 찬 사업 계획이 줄줄이 나올 수 있도록 획기적인 방법을 모색해야만 해요."

시계를 들여다보니 퇴근 시간을 훨씬 넘겼다. 나는 두번째 리허설을 보기 위해 또다시 오케스트라 홀을 방문하고 싶었다.

"어쨌든 보고서는 고마워요. 이 자료를 참고로 해서 해결책을 찾아볼게요."

나는 얼른 나갈 채비를 하면서 대꾸했다. 하루 종일 머릿속을 채운 실망감이 이제는 오케스트라에 대한 생각으로 바뀌었다.

마에스트로와의 첫만남

오케스트라를 처음 방문한 후로 이곳에서 본 것들을 나는 아직 확실하게 정리할 수가 없었다. 아마도 내가 정리한 생각을 매일 회사에서 보는 사람들과 나눈다면 각자 다른 설명을 할 것이라 예상됐기 때문이다. 지금 우리 회사는 변화가 시급했다. 그러나 현실적으로 봤을 때 단시간 안에 건설적인 방향을 잡기란 여간 어려운 게 아니었다. 반면에 오케스트라 단원들은 매우 빠르게 변했다. 지휘자의 몇 마디 말이나 지휘봉의 가벼운 움직임만으로도 연주자들은 현장에서 지적한 부분을 바로 수정했다. 이들에게 변화는 강제성이나 복종의 성격을 띤 것이 아니라 마치 모든 변화과정이 하나의 유기체처럼 자연스럽게 이뤄진다는 인상을 받을 정도였다.

내가 직원들에게 매일 무언가를 제안하고 방향을 제시해줘도 그들은 크게 신경을 쓰지 않는 것 같았다. 하지만 오케스트라 단원들은 지휘자의 말에 민첩하게 그리고 열정적으로 반응했다. 실제로 이런 멋진 광경을 지켜본 나로서는 솔직히 말해 지휘자에게 질투가 나지 않을 수 없었다. 하지만 지금 내게 중요한 것은 오케스트라가 원활하게 돌아가는 비결을 알아내는 것이다. 악기 종류에 따라 악보가 다른데도 단원들은 마치 한 몸이 된 것처럼 연주한다. 나는 지휘자가 어떻게 이 많은 사람을 단결시킬 수 있는지 꼭 알고 싶었다.

첫번째 리허설이 끝났을 때 나는 망설임 없이 두번째 리허설에도 꼭 참석하리라 마음먹었다. 하지만 이번에는 의자에 앉아 구경만 할 것이 아니라 직접 지휘자와 대화를 나눠보고 싶었다.

지휘자와 연주자들의 상호 관계에 대해 얘기를 들어보고 싶었던 것이다. 로버트에게 전화를 걸어 내 바람을 전하자 며칠 후 딸아이의 음악 레슨을 위해 집에 찾아온 로버트에게서 대답을 들었다.

"마에스트로[maestro|클래식 음악이나 오페라의 지휘자, 음악 감독, 작곡가, 스승의 경칭]께서 좋다

고 하셨어요. 리허설이 시작되기 몇 분 전에 미리 오셔서 지휘자 분장실로 가보세요."

드디어 약속한 날이 왔다. 나는 홀을 뒤로한 채 분장실 문을 두드렸다.

"들어와요."

안에서 대답이 들렸다. 안쪽으로 들어간 나는 낡은 오크 책상 앞에 앉아 있는 지휘자를 향해 다가갔다.

우선 간단히 자기소개를 하면서 그와 악수를 나누었다.

"이쪽으로 앉으세요."

지휘자는 맞은편에 있는 오래된 가죽의자를 가리키며 상냥한 미소로 권했다.

"이곳에 오기 전에 혹시 오케스트라 리허설을 직접 본 적이 있나요?"

"고등학생 때 클라리넷을 잠시 했습니다. 하지만 초보 수준이라 로버트 피어슨 씨가 저를 이곳으로 안내하기 전까지는 전문적인 리허설을 직접 대한 적은 거의 없었어요."

"리허설 관람이 유쾌한 경험이 되기를 바랍니다. 그런데 제겐 무슨 일로 오신 건지요?"

"로버트 씨가 실은 제 딸아이의 바이올린 선생이에요. 어느 날엔가 로버트 씨가 당신의 지도력에 대해 칭찬하는 걸 들었어요. 그래서 그게 어떻게 가능한지 직접 보고 싶어 이렇게 왔습니다."

나는 잠시 호흡을 가다듬었다. 지금부터 지휘자에게 다소 곤란한 말을 꺼내야 했기 때문이다.

"솔직하게 말하면 제가 지금 있는 회사에서 직원들을 제대로 이끌지 못한다는 생각이 들었습니다. 그래서 로버트 씨가 저에게 오케스트라 리허설을 한번 보라고 했을 때 흔쾌히 받아들였어요. 흥미로운 제안이었고 잘하면 이곳에서 리더십에 대한 좋은 아이디어를 얻을 수 있을 것으로 기대했으니까요. 하지만 첫번째 방문 후 해결책보다는 의문점만 더 커졌습니다."

"그렇군요. 이번 일은 저에게도 매우 생소한 경험이 될 것 같군요."

지휘자는 조금 상기된 목소리였다.

"지금까지 회사 중역과 이렇게 마주앉아 리더십에 관해 대화를 나눠본 적이 없거든요. 하지만 매우 흥미로울 듯합니다."

지휘자가 말을 더 하려던 참에 밖에서 오보에를 조율하는 소리가 들렸다. 이 소리는 무대에서 지휘자에게 리허설의 시작을 알리는 신호였다.

"이 주제에 대해서는 나중에 또 얘기합시다."

지휘자가 문을 열고 밖으로 나가는 순간 무대를 내리 비추는 밝은 조명이 눈에 들어왔다. 오케스트라 단원들이 악기를 조율하는 클래식 음악 소리도 함께 들렸다. 나는 무대 위로 올라가 비올라 파트 뒤에 마련된 의자에 앉았다.

래틀의 해석은 빈틈이 전혀 없진 않지만 환상적이었다. 그에게는 모든 사람을 함께 연주하도록 만드는 힘이 있다. — 사이먼 래틀의 매니저 마틴 캠벨 화이트의 회상

나만의
음악

"여러분, 좋은 아침이에요. 자, 오프닝 곡을 연주해봅시다."

지휘자는 연주자들이 준비를 모두 마칠 때까지 잠시 더 기다렸다. 곧 무대가 조용해지자 지휘봉을 든 지휘자 쪽으로 모든 시선이 집중됐다. 이때까지는 매우 조용했다. 그러다가 지휘자가 오른팔로 가볍게 지휘봉을 흔들자 무대 전체에 애절하면서도 격조 높은 멜로디가 흘러나왔다. 비록 침묵은 깨졌지만 평온한 기운이 느껴졌다. 모든 동작이 슬로모션처럼 느렸다. 바이올린 연주자의 활이 현 위를 둥둥 떠다니는 것처럼 보일 정도였다.

그러다 갑자기 처음 맛보는 깊은 진동이 의자를 타고 느껴졌다. 주변을 둘러보니 더블베이스가 낮은 음을 내고 있었다. 그런데 이상하게도 전에도 비슷한 소리를 들었던 기억이 났다. 이때 건너편에서 바이올린 연주가 일제히 시작되었다. 슬프면서도 엄숙함이 느껴지는 가락이었다. 다행히도 나는 연주자들을 모두 볼 수 있는 좋은 위치에 앉아 있었다. 유심히 관찰해보니 연주자들의 활이 동일하게 움직이는 게 보였다. 같은 악보를 연주하는 게 틀림없었다. 몇몇은 지휘자를 바라보며 연주했지만 대부분 악보를 뚫어져라 쳐다봤다.

시간이 흘러 리허설도 거의 막바지에 이르렀다. 지휘자는 연습을 끝내기 전에 이렇게 말했다.

"오프닝 곡을 한 번 더 해봅시다. 이번에 비올라 파트가 목관악기부와 화음을 잘 이뤄보는 게 어떨까요? 목관악기의 음색과 어우러질 수 있도록 노력해봐요."

비올라 단원들이 연주를 시작하고 얼마 지나자 지휘자가 연주를 중단시켰다.

"아주 훌륭해요. 이번엔 오케스트라 전원이 오보에 주변으로 소리를 모아보세요. 모두 오보에 연주자를 따라가며 뉘앙스가 어떻게 다른지 느껴보세요."

연주가 다시 시작되었다. 단원들이 이전보다 더 집중해서 곡을 연주한다는 걸 뚜렷이 느낄 수 있었다. 하지만 지휘자가 연주를 중단시키더니 오보에 연주자에게 말했다.

"조금 더 편안한 기분으로 해봐요. 처음 들어갈 때 소리가 거의 들리지 않을 정도로 시작해보는 게 어때요? 단원들이 오보에 소리를 기다릴 테니까 너무 서두를 필요는 없어요."

그러고 나서 다시 시작된 음악을 들으니 확연히 차이를 느낄 수 있었다. 소리가 언제 시작됐는지 모를 정도였다. 뿌연 안개가 서서히 나타나듯 정체를 알 수 없는 공간에서 소리가 흘러나오는 것 같았다. 단순히 슬프거나 엄숙한 분위기를 자아내는 데서 더 나아가 이제는 유령의 기운과도 같은 아우라가 느껴질 정도였다. 이유를 알 수 없었지만 나는 그 순간 짜릿한 전율을 느꼈다.

이 지휘자는 연주자들을 이끄는 동안 소리의 미세한 차이까지 모두 꿰뚫고 있는 사람 같았다. 음의 정조법音의 正調法[음에 상대적인 높이의 변화 주기], 구절법句節法[선율을 의상에 따라 적당하게 구분하기]은 물론 강약법과 아티큘레이션에 대해서도 놓치는 법이 없었다. 나는 그가 지시하는 내용을 모두 이해할 순 없었지만 그후에 일어나는 변화에 대해서는 확실히 느낄 수 있었다. 지휘자가 뭔가를 요구하면 그때마다 오케스트라 단원의 연주 솜씨가 달라졌다. 게다가 단원들의 몸짓도 한결 더 부드러워졌다. 지휘자의 말에 단원들의 연주가 바로 바뀌는 걸 보니 정말 즉각적인 피드백이 아닐 수 없었다.

리허설이 진행되는 동안 이곳에 오기 전에 했던 예상이 실제와 다르다는 것을 문득 깨달았다. 아마도 괴팍한 지휘자, 자신이 원하는 수준이 될 때까지 연주자들을 윽박지르는 지휘자가 등장하는 영화를 너무 많이 본 탓인지도 모르겠다. 어쨌든 영화 속 장면과는 전혀 다른 리허설이었다. 게다가 무대는 단원들끼리 수평적이며 상호 협조하는 분위기였다.

마에스트로는 확실한 용어를 써가며 의견을 분명하게 전달했다. 또 열린 마음으로 상대를 편안하게 만드는 모습이 전혀 어색해 보이지 않았다. 오케스트라 단원들을 즉각적으로 변화시키는 지휘자의 능력에 경외심이 들 정도였다. 어떻게 그렇게 빠른 시간 안에 완벽한 협동이 가능한 것일까?

음악에서의 동기부여

리허설이 끝나자 연주자들이 금세 자리를 떴다. 나는 서둘러 빈 의자 사이를 지나 지휘자가 쉬고 있는 분장실로 찾아갔다. 무대 위에서 좀전에 본 상황에 대해 알고 싶은 게 너무나도 많았다.

"이렇게 또 시간을 내주셔서 정말 고맙습니다. 참 멋진 경험이었어요."

내가 먼저 말문을 열었다.

"멘델스존의 스코틀랜드 교향곡 오프닝이 맘에 들었나요?"

"분위기가 환상적이었어요."

나는 영감을 주는 음악을 표현할 만한 적절한 단어를 찾기 위해 최대한 느릿하게 대답했다.

"우리가 의도한 게 바로 그거였어요. 멘델스존이 스코틀랜드를 방문한 후 이 교향곡을 작곡했어요. 그 시절에 스코틀랜드는 꽤 이국적인 곳이었지요. 그는 메리 여왕(1516~1558)이 몇백 년 전에 살았던 홀리루드 Holyrood 궁전을 찾은 후 우리가 리허설 때 연습한 오프닝 곡을 구상했답니다. 우리는 멘델스존이 그곳에서 영감을 받은 것을 편지로 남겼다는 사실을 알게 됐어요. 궁전을 방문했을 때 근처에 있는 예배당에 갔대요. 건물 곳곳에 풀이 자란 데다 심하게 파손되어 무너지기 직전이었지요. 스코틀랜드의 여왕이 된 메리 여왕이 처음으로 왕관을 수여받은 제단 주변은 담쟁이덩굴로 덮여 있었어요. 저는 멘델스존이 이곳에서 과거에 일어났던 일을 떠올리며 엄숙하면서도 신비로운 음악을 작곡했다고 생각했습니다. 또 그의 편지를 읽었을 때 이 악절을 더욱 생생하게 그려볼 수 있었지요. 그래서 오늘 하루 단원들이 그때의 분위기를 살릴 수 있도록 애쓴 겁니다."

"단원들이 당신의 요구에 바로 호응해서 기대한 결과를 만들어낸다는 것이 참 인상적이었어요. 어떻게 그게 가능한 겁니까?"

이 질문이 지휘자에게는 칭찬으로 들리겠지만 어쩌면 내 자신에 대한 책망일 수도 있다는 생각이 들었다. 오케스트라 단원들을 훌륭하게 이끄는 지휘자의 능력에 대해 존경하면서도 내심 질투가 났던 것이다.

"단원들이야말로 순발력이 매우 뛰어난 사람들이에요."

"그래도 그런 순발력을 끌어내기까지 당신의 역할이 컸을 텐데요. 로버트가 그러는데 당신이 오기 전까지만 해도 이 정도 수준은 아니었다던데요."

"글쎄요. 그렇게 말했주니 고맙군요."

지휘자는 입술을 오므리더니 무슨 대답을 해야 할지 몰라 잠시 생각에 잠겼다.

"연주자들이 서로 협조적이고 제 요구에 바로 반응을 보이기까지 저역시 시행착오들을 겪었다는 점을 말씀 드려야겠군요."

드디어 지휘자가 중요한 운을 뗐다.

"저도 처음 이 일을 시작했을 때는 여느 새내기 지휘자들처럼 생각했어요. 단원들에게 연주 방식을 주문하고 제 지시에 따르도록 가르치는게 지휘자의 역할이라고 믿었어요. 하지만 그런 생각으로 계속 했더니 단원들의 반응이 영 시원찮았어요. 그저 지루하고 힘들기만 한 리허설이 계속됐지요. 연주 수준은 어쩌다 만족스런 때도 있었지만 대부분 별로였어요. 제가 받은 영감이 연주자들에게 제대로 전달되지 않는 게 확실했어요. 가끔 제대로 될 때가 있더라도 연주자들이 진정으로 원하는 방향은 아니었죠. 결국 저는 멋진 공연을 완성하려면 저 자신의 동기부여뿐만 아니라 연주자들에게도 동기부여가 반드시 필요하다는 사실을 깨달았습니다. 그래서 동기를 부여할 수 있는 환경을 조성하는 게 제 몫이라고 생각했어요. 단원들의 예술성을 끌어내려고 애쓰면 쓸수록 그만큼 일은 점점 수월하게 느껴졌지요."

나는 지휘자의 대답을 듣는 내내 긴장감을 떨칠 수가 없었다. 회사 직원들이 열성적으로 일할 수 있도록 나 역시 오랜 시간을 힘써왔기 때문이다.

"어떤 방식으로 단원들에게 동기를 부여하나요?"

"내가 지휘자 역할을 맡은 것처럼 연주자들도 각자 자신만의 음악을 한다는 사실을 계속해서 인식시켰어요."

"자신만의 음악을 한다는 게 무슨 말이죠?"

"그럼 이렇게 설명해보죠. 연주자는 악보에 있는 대로 자신이 맡은 파트를 연주해야 합니다. 각자 자신이 책임질 파트만 살펴보면 되기 때문에 어려운 일이 절대 아닙니다. 연주자는 다른 사람이 맡은 부분과 자신의 파트를 확실히 구분해서 연주합니다.

하지만 교향곡은 여러 사람이 다함께 연주해야 하는 고도의 합주 예술입니다. 따라서 자신의 연주가 다른 사람들의 연주와 균형을 이루도록 각별히 신경을 써야 하죠. 악기를 조율한 다음 자신이 연주하는 악기의 음색과 명료함이 다른 소리와 화음을 이루어야 하니까요. 만약 이 연주자가 독주회를 연다고 생각해봅시다. 그러면 연주자는 자신이 맡은 파트가 결국 전체를 이룬다는 생각에 자신의 공연이란 주인 의식을 느낄 것입니다. 음악적인 결정권이 모두 연주자 한 사람에게 달려 있으니까요."

"음악적인 결정권이요?"

"네. 음악을 하는 예술가로서 결정해야 할 사항으로 빠르기나 분위기,

구절법^{phrasing}, 속도 조절 등을 말합니다. 또 실제 공연을 할 때 호흡법은 필수입니다. 그래야 악보를 넘길 때 문제가 없거든요. 연주자는 본인이 모두 결정해야 한다는 생각에 음악에 대한 주인 의식을 확실히 느낍니다. 하지만 이 연주자가 3~6명이 함께 연주하는 실내악단에 속해 있다면 여럿이서 결정을 내립니다. 그렇더라도 연주자는 음악에 대한 주인 의식을 강하게 느낄 겁니다. 하지만 76명이라는 많은 인원이 참가하는 오케스트라에서는 연주자들끼리 결정을 내린다는 게 불가능합니다. 그래서 지휘자가 대신 결정을 해주는 거예요. 비록 소리를 내는 연주자는 아니지만 전반적인 연주 방향을 잡는 역할을 하는 거죠."

"전형적인 관리직이군요. 우리도 다른 사람에게 해야 할 일을 지시하지 결코 우리 스스로 그 일을 하지는 않으니까요."

내가 아는 체했다.

"네, 맞아요. 하지만 제가 꼭 피하고 싶은 함정이 그 속에 숨어 있어요. 무슨 뜻인지 아시겠어요?"

나는 고개를 가로저었다.

"연주자들은 자신이 지휘자의 시중을 든다고 생각하기 쉬워요. 그래서 리허설이나 공연을 마치 지휘자를 위한 '서비스'로 치부하기도 하죠. 자리 배치만 해도 그래요. 지휘자가 있는 지휘대를 중심으로 사방으로 퍼져 있잖아요. 또 지휘자는 단원들이 내려다보이는 단상 위에 올라가 있고요. 이런 조건이라면 많은 연주자가 단절감을 느낄 수밖에 없어요."

"그래도 오케스트라 단원들이 스스로 음악과 관련된 결정을 내리지 않나요?"

내가 질문을 하자 지휘자는 더욱 진지하게 말을 이어갔다.

"물론 각자 결정을 내리는 부분이 있습니다. 하지만 당신이 생각하는 방식대로는 아닙니다. 악보를 보며 자신이 맡은 부분을 연주하지만 악보 내용과 관련해서 개인적인 의견을 제시하거나 다른 파트와 조화를 찾는 과정은 없으니까요. 그러기에는 시간이 너무 많이 걸리는 데다 비용도 만만치 않습니다. 때문에 지휘자가 대신 그 결정을 내리는 겁니다. 작품에서 표현하고자 하는 내용이 오케스트라 전체에서 조화를 이룰 수 있도록 지휘자가 나서서 단시간에 정리를 하는 거죠."

나는 지휘자의 말에 고개를 끄덕일 수밖에 없었다.

"오늘 리허설 때 우리가 얼마나 신속하게 공감을 이루는지 보셨죠? 자, 그럼 이제 제가 말하는 함정이 무엇인지 찾으셨나요?"

"네."

나는 고개를 끄덕이며 대답했다.

"지휘자가 하는 일이 단원들에게 그저 '입 다물고 내가 시키는 대로 해!'라는 명령조로 들리면 바로 헤어나기 힘든 함정에 빠지는 거죠."

"맞습니다. 특히 오케스트라 단원들은 교향악이 자신의 것이 아니라 지휘자의 소유물로 생각하는 경향이 있어요. 규모가 큰 조직에 몸담고 있는 구성원이라면 다들 그렇게 생각하죠."

내가 말을 덧붙였다.

"심지어 소규모 조직에서도 그러는 걸요. 하지만 당신은 함정을 피하는 방법을 마침내 찾았다고 했어요."

"네, 연주자들이 곡에 대한 주인 의식을 느끼지 않는 한 최고의 연주를 끌어내는 건 불가능하다고 믿었어요."

지휘자가 대답했다.

"그래서 어떻게 하셨어요?"

그 순간, 나는 내가 처음 질문한 내용으로 되돌아가고 있다는 느낌이 들었다.

"리더라면 자신이 이끄는 사람들이 각자 하는 일에 대해 주인 의식을 느끼도록 어느 정도 통제력을 포기할 수 있어야 해요. 솔로 연주자가 자신의 악기를 다루는 방식으로 지휘자가 수십 명이나 되는 인원을 통제할 수는 없어요. 직접적으로 전체를 통제하려는 생각만큼 리더를 덫에 빠트리는 일도 없으니까요."

자발성을 이끌어내는 방법

지휘자는 내게 꽤 도발적인 방법을 제시했다. 나는 지금까지 회사에서 지출을 통제하고 계획한 대로 수입을 거두는지 확인했다. 또 끝없이 이어지는 논쟁거리를 해결하려고 애썼으며 직원들이 마감일을 지킬 수 있도록 갖은 노력을 다했다. 지휘자의 방식이 그렇다고 해서 내가 해왔던 직접적인 통제권을 하루아침에 포기할 수는 없었다.

"글쎄요, 당신이 하는 말은 현실과 많이 다른 것 같은데요. 오늘 당신이 지휘한 오케스트라만 봐도 철저히 당신의 통제하에 있는 것 같았어요. 솔직히 단원들이 당신의 말에 그렇게 적극적으로 호응하는 건 처음 봅니다."

내 목소리가 좀 커진 듯했다.

"단원들이 보여주는 자발성이야말로 스스로 결정을 내릴 능력이 있다는 걸 증명합니다. 당신이 원하는 방향으로 사람들을 조종하거나 복종하게 할 수는 있어요. 하지만 이런 방식으로는 열정과 창의성, 새로운 아이디어나 영감을 불어넣지 못하죠. 당신이 이 점을 가치 있게 생각해야 사람들도 일에 대한 주인 의식을 느낄 겁니다. 그렇기에 진정한 리더라면 어느 정도는 통제권을 포기할 각오가 돼 있어야 합니다."

나는 리허설에서 본 장면을 다시 떠올렸다.

"그래서 단원들에게 어느 부분에 가서는 오보에 소리를 따르라고 지시했던 건가요?"

"네, 맞아요. 연주자가 모두 구절법을 지키도록 자세하게 설명해줄 수도 있었죠. 하지만 전 오보에 연주자에게 몇 가지를 제안한 다음 책임감을 느끼게 하고 싶었어요. 그렇게 했더니 결과적으로 오케스트라의 전체 화음이 조화를 이루게 되었어요. 아마 한 사람씩 수정해야 할 사항을 간단하게 지시했다면 이런 성과를 이루지는 못했을 거예요. 제 목표는 단원들이 모두 공동체 의식을 느끼고 책임감을 갖게 하는 것이랍니다."

나는 문득 회사가 떠올랐다. 하지만 지휘자의 말에 고개를 끄덕이기에는 뭔가 부족했다. 내 밥줄이 걸린 일인데 어떻게 통제권을 넘긴단 말인가?

"그게 정말 진정한 리더일까요? 자신의 책임을 남에게 떠넘기는 건 아닌지요?"

"리더는 잘못된 곳이 있으면 고쳐주고 방향을 제시하는 사람입니다."

지휘자가 진지하게 말을 쏟아내기 시작했다.

"리허설 때 제가 이 일을 여러 번 한 걸 보셨을 테죠? 그게 바로 지휘자가 해야 할 중요한 일입니다. 하지만 이보다 더 기본적이고 꼭 필요한 작업이 하나 더 있는데 하루쯤 같이 있었다고 바로 확인할 수 있는 일은 아니죠."

그는 나를 똑바로 바라보더니 다시 말을 이었다.

"연주자들이 음악에서 얻고자 하는 비전을 제공하는 것이야말로 지휘자가 해야 할 가장 중요한 일입니다."

"음악에서의 비전이란 게 무슨 뜻입니까?"

"지휘대에 올라가는 순간부터 지휘자는 다음과 같은 여러 질문에 대한 대답을 직접 행동으로 옮겨야 합니다. 우리는 지금 어디로 가고 있는 것인가? 우리가 바라는 목표는 무엇인가? 우리가 가장 우선시하는 것은 무엇이며 이번 작품을 완벽하게 성공시키려면 어떻게 해야 하는가? 목표를 이루기 위해 우리는 앞으로 무엇을 해야 하는가? 무엇보다 중요한 것은 비전을 현실로 옮기기 위해 당신이 무슨 일을 할 수 있는가 하는 겁니다. 결코 쉽지 않은 질문이지요. 어쩌면 행동으로 옮기는 것보다 말로 표현하는 게 더 어려울지 모릅니다.

아직 현실화되지 않은 비전을 멋지게 실현하려면 상상력이 많이 요구됩니다. 비전을 잘 살리려면 우선 작품 자체뿐만 아니라 제가 지휘하는 오케스트라 단원들을 잘 이해해야 합니다. 비전이 실현될 수 있다는 것을 단원들에게 납득시키려면 먼저 제 의사소통 능력이 굉장히 뛰어나야 겠지요. 저는 단원들을 자극할 자신이 있어요. 또 비전이 머지않아 현실이 되도록 단원들의 노력을 최대한 끌어낼 각오도 돼 있습니다. 일단 단원들이 저를 믿고 따라온다면 저는 모든 가능성을 현실로 바꾸기 위해 그들과 한 팀이 되어 싸울 것입니다. 연주자들은 단순히 악보대로만 연주를 하는 게 아닙니다. 악보란 비전을 실현하기 위해 꼭 필요한 통로 역할만 할 뿐이지요."

비전을 현실화하기 위해 연주자들의 지지를 얻는다는 지휘자의 말이 무슨 뜻인지 이제 알 것 같았다. 리허설 때 보고 들은 내용이 그가 하는 말을 있는 그대로 증명했기 때문이다. 오케스트라 단원들이 힘을 합쳐 적절한 화음을 이루고 음악에 감정을 싣는 방식이 바로 이런 것이구나 깨닫는 순간 또다시 회사 생각을 하지 않을 수 없었다. 나는 직원들이 맡은 바 업무를 수행하는 방식을 떠올려봤다. 하지만 그들은 자신이 이룬

성과가 회사에 어떤 기여를 하는지에 대해서는 별로 관심이 없는 듯했다. 게다가 직원들이 회사에 새로운 공헌을 하도록 강하게 동기를 부여하지 못했던 나의 불찰도 결코 잊어선 안 되었다.

곧이어 지휘자가 말을 이었다.

"원대한 비전은 사람들이 자신이 맡은 파트에만 집중하기보다는 전체를 생각하게 하는 힘이 있습니다. 우리에게는 사람들로부터 강력한 의욕을 불러일으킬 만한 자극적인 비전이 필요합니다. 비전의 크기가 너무 작으면 그들은 자신의 역량을 충분히 발휘하지 않을 뿐만 아니라 영감을 받는 데도 제약이 따릅니다. 연주자들이 비전의 중요성을 인식하면 그에 맞게 음악을 연주하려고 힘쓸 것입니다. 처음에는 그저 평범했던 연주가 비전을 머릿속에 그리면서부터 의미 있고 아름다운 일이 되겠지요. 연주자들은 자신이 맡은 일에 최선을 다하는 동안 원대한 비전을 항상 생각하지요."

"당신의 얘기를 들으니 유명한 일화가 하나 떠오르네요."

그의 얘기에 불쑥 끼어든 나는 새로운 이야기를 하나 꺼냈다.

"1960년대에 나사NASA(미국항공우주국) 연구소에서 바닥을 청소하고 있는 수위를 지나가던 사람이 봤어요. 지금 무슨 일을 하고 있는지 물었더니 수위는 달에 갈 사람을 도와주는 중이라고 말했다더군요."

"네, 당신이 거느리는 사람들에게 참여의식과 에너지를 불러일으키려면 모두 동일한 비전을 받아들여야 하는 점을 제대로 인식시켜야 해요.

그러기 위해서는 사람들에게 영감을 심어줄 만한 비전, 명료한 비전, 모두에게 관련된 비전을 설정해야 하지요. 또 비전을 달성하기 위해 개인마다 할 수 있는 일이 확실하게 있어야 돼요. 오케스트라 단원들에게 공동의 비전을 그리도록 하는 것이야말로 제가 직접적으로 지시한 그 어떤 명령보다 더 탁월한 효과를 나타낸답니다."

나는 지휘자의 생각이 오늘 오케스트라에 제대로 적용되었다는 점에 대해서는 전혀 의심하지 않았다. 하지만 여전히 풀리지 않는 의문이 있었다.

"잘 이해가 안 가는 부분이 있어요. 멘델스존이 쓴 편지를 보고 당신이 음악에 대한 비전을 떠올렸다고 했지요? 그래서 그 비전을 바탕으로 방금 리허설을 한 거 맞죠?"

"네, 그래요. 그 편지를 읽었을 때 오프닝 곡을 어떻게 연주할지 새로운 구상을 하기 시작했어요. 지금은 더이상 존재하지 않지만 먼 과거에서 흘러나오는 듯한 인상을 주는 음악을 상상했지요."

"하지만 당신은 단원들에게 구체적인 배경까지 말하지는 않았어요. 그런데도 단원들이 어떻게 당신의 생각을 알아차린 걸까요?"

"아주 예리한 질문입니다. 제 비전이 오케스트라에서 제대로 구현되려면 연주자의 상상력이 기본적으로 전제되어야 합니다. 그렇다고 제 비전을 있는 그대로 구구절절 말해 단번에 승부를 보려고 해서는 안 됩니다. 멘델스존의 편지가 제게 깊은 인상을 남겼지만 이 영감을 단원들에게 얘기하면 오히려 혼란만 일으킬 뿐입니다. 연주자마다 음악이 주는 이미지가 한결같지 않으니까요."

"그래서 어떻게 했나요?"

"저는 가장 아름답게 들릴 만한 소리의 이미지를 머릿속으로 상상하며 리허설에 나옵니다. 우습게 들릴지 모르겠지만 저는 이미지 안에 존재하는 특정한 소리를 떠올릴 수 있고 또 그 소리를 느낄 수도 있답니다. 제가 느끼는 소리를 실제로 듣기 위해 리허설을 하는 것이지요. 이때 오케스트라 단원들만이 제 바람을 들어줄 수 있습니다. 지휘를 하는 동안 저는 음악 소리에 귀를 기울입니다. 각 파트의 세세한 소리까지 느낄 정도로 모든 신경을 음악에 집중하지요."

지휘자의 말 한 마디 한 마디가 방금 전에 목격한 리허설을 연상시켰다.

갭 분석과 플러스/델타

"그런데 한 가지 복잡한 문제가 있어요."

지휘자가 얘기를 계속해 나갔다.

"리허설이 진행되는 동안 그전에 상상만 했던 소리가 함께 들리는 거예요. 현실세계에서 들려오는 소리와 내면에서 들리는 소리, 이 두 종류의 소리가 동시에 들려오는 거예요! 저는 두 소리의 차이를 알았어요. 결국 둘 사이의 간격을 최대한 줄이는 과정이 리허설 작업이 되었답니다."

그 순간 직감적으로 생각나는 단어가 하나 있었다.

"갭 분석gap analysis처럼요!"

내가 갑자기 끼어들자 지휘자는 당황한 듯했다. 나는 기쁨을 최대한 자제하려고 애썼다. 사실 리허설 때 알아들을 수 없는 음악 용어 때문에 적잖이 혼란스러웠는데 이제는 내가 지휘자에게 비즈니스 용어를 가르쳐줄 차례가 온 것이다.

"갭 분석이란 예상되는 결과와 실제 결과와의 차이를 알아보는 기법을 말하죠. 그래서 갭이란 표현을 쓴 거예요. 당신도 우리처럼 그 갭을 줄이거나 아예 없애려고 하는군요."

"네, 그렇죠."

지휘자가 대답했다.

"제가 리허설에서 하는 일이 바로 그런 겁니다. 제 귀에만 들리는 소리, 비전이 담긴 특별한 소리가 실제 연주자들의 소리를 평가하는 기준이 되는 거죠. 물론 단원들의 연주 실력은 매우 훌륭합니다. 그 점을 높이 평가하는 것도 잊지 말아야 할 중요한 일입니다."

"왜죠? 비전이 현실로 이뤄지는 게 목표 아닌가요? 그래서 연주자들을 비전에 맞게 변화시키려고 애쓰는 거 아닙니까?"

"그렇긴 해요."

지휘자는 갑작스런 내 질문에 잠시 고민을 하더니 주저했다.

"하지만 단원들의 연주를 경청하고 칭찬하는 것도 비전을 이루기 위한 필수 과정이라고 생각합니다. 당신도 익히 알겠지만 저는 명령조로 지시하는 방식을 써서 함정에 빠지고 싶진 않아요. 연주자들의 사기를 북돋워주고 싶죠. 비록 제가 생각했던 연주 스타일이 아니어도 상관없어요. 제가 단원들의 연주에 관심을 갖고 호기심 가득한 태도로 귀를 기울인다면 이런 모습을 지켜본 단원들은 더 잘하고 싶은 마음이 들 거예요. 반대로 제가 연주에 관심이 별로 없거나 설상가상으로 평가나 비판만 하고 있다면 단원들은 재능을 맘껏 펼칠 수 없어요. 그러면 이전보다 더 수동적인 자세로 돌변할 겁니다."

"그러니까 변화가 필요한 것을 찾아내는 것뿐만 아니라 좋은 점이 무엇인지도 잘 알아야 한다는 말씀이죠?"

"네, 직원들에게서 최고의 업무 성과를 얻기 바란다면요."

"한마디로 플러스/델타 Plus/Delta를 말하는 거군요."

나는 그에게 또다른 비즈니스 용어를 소개할 참이었다.

"당신은 지금까지 잘된 부분(플러스)과 함께 앞으로 바뀌길 바라는 부분(델타)을 동시에 고려하고 있는 겁니다."

지휘자가 고개를 끄덕였다.

"만약 제게 확실한 비전이 있다면, 제가 오케스트라 단원들이 내는 연주 소리를 정확하게 들었다면, 만약 제가 그들 연주의 장점과 악보 해석에서 뛰어난 점을 인정했다면, 또 단원들이 소리를 바꿀 수 있도록 좀더 확실한 방향을 제시한다면 제가 확실히 플러스와 델타를 생각한다고 말할 수 있겠죠. 그렇게만 한다면 연주자들도 제가 상상했던 소리를 동시에 듣는 것은 물론 마음속으로 느낄 수 있을 겁니다. 제가 세운 비전이 결국 연주자들의 마음 깊은 곳에서 살아나는 것이죠."

"'만약 ～라면'이라는 가정법을 많이 쓰시네요."

나는 지휘자의 말을 콕콕 짚으며 말했다.

"지휘란 보기에는 쉬울 것 같지만 위에서 말한 대로 분석하려고 들면 굉장히 복잡한 과정이랍니다."

"그럼, 모든 지휘자가 이 방식대로 지휘하나요?"

그러자 지휘자가 웃음을 터트렸다.

"아닐걸요. 제가 처음으로 지휘봉을 잡았을 때만 해도 이렇지 않았어요. 그때는 직접 방향을 제시했어요. 잘못된 점을 고치고 비판하는 게 단원들을 이끄는 길이라고 생각했으니까요. 연주자가 저지르는 실수만 열심히 가려내고 잘못된 점을 말해줬던 거죠. 그러니까 제가 지휘대에 올라서면 단원들이 연주 의욕은커녕 기운도 없어 보였어요. 그때는 그 이유를 잘 몰랐지요."

"잘못된 점들은 고쳤나요?"

"아니요."

지휘자는 자학하는 사람처럼 머리를 흔들었다.

"전 그 당시에 단원들의 실수를 족집게처럼 잘 짚었어요. 하지만 그게 중요한 게 아니었어요. 내가 했던 일이 중요한 게 아니라 내가 못 했던 일이 문제였지요. 나는 단원들을 이끌 최상의 방법을 찾는 데 공을 들이

지 않았어요. 잘못을 수정하는 것과 단원들을 이끄는 일이 엄연히 다르다는 것을 모르는 지휘자는 평생 지휘봉을 잡는다고 해도 단원들과 조화로운 관계를 이끌어갈 수 없어요. 게다가 남의 잘못을 지적하며 비판하는 일은 커다란 능력을 요구하는 일이 결코 아니에요."

그가 한 말을 듣고 나자 지난날 내가 직원들에게 무엇을 해주었는지 생각났다. 여러 가지 논쟁을 정리하고 회사 경영에 관여하며 열심히 수지타산을 따지는 일이 내가 한 일이었다. 나는 과연 회사의 미래와 관련 있는 비전을 구상하기 위해 충분히 정성을 쏟았던가?

지휘자는 그 스스로 강력한 비전이 있어야만 단원들도 자신이 맡은 파트를 오케스트라 전체와 연결시킬 수 있다고 말했다. 그러고 보니 우리 직원들은 회사에 그어진 보이지 않는 경계선에 걸릴 때마다 자신의 불꽃을 피우지 못하고 꺼져버리는 것 같았다. 지휘자의 말을 듣고 보니 내가 실천하는 리더십이 직원들의 태도를 결정하는 데 커다란 영향을 끼친 게 틀림없었다.

지휘자는 오케스트라 단원들이 적극적으로 호응하도록 하려면 모든 연주자에게 동일한 비전을 심어줘야 한다고 강조했다. 그렇다면 회사 직원들도 연주자들과 같은 상황에 놓인 것일까? 그래서 그동안 서로 비전이 달라 충돌이 일어난 것일까?

나는 회사에서 지겨운 논쟁이 벌어질 때마다 규칙을 앞세우며 대립을 막았다. 어쩌면 직원들은 그런 나의 행동을 강압적인 명령으로 느꼈을 것이다. 그렇다면 지금까지 지휘자가 그토록 피하려고 애쓰는 함정에 스스로 몸을 던진 셈이 아니었던가?

나는 지난 10년 이상 관리직에 있으면서 터득한 노하우보다 지휘자와 함께한 1시간 동안 배운 교훈이 더 유익하다는 사실을 깨달았다. 재빨리 머리가 돌아갔다. 지휘자에게 한 가지 제의를 한 것이다.

"오늘과 같은 기회를 더 주실 수는 없습니까? 정기적으로 만나면 좋을 것 같아서요."

지휘자가 눈썹을 치켜세우더니 잠시 생각에 잠겼다.

"그럼 한 달에 두 번 정도 리허설에 오시는 게 어때요? 그리고 리허설이 끝나면 오늘처럼 얘기를 나눕시다."

집으로 차를 모는 동안 오늘 들었던 음악이 귓가에 계속 맴돌았다. 마치 연주자들이 내 옆에서 연주를 하며 나의 내면 깊은 곳까지 소리를 전달하는 것만 같았다. 이 소리는 아까 리허설 때 들은 음악보다 더 깊은 울림이었다. 앞으로 지휘자와 더 많은 대화를 나눌 텐데, 나는 이런 기회가 큰 도움이 될 것 같다는 강한 확신이 들었다.

나는 동시에 두 개의 서로 다른 오케스트라의 음향을 들었어요. 하나는 실제로 오케스트라와 작업해서 만들어낸 현실의 음향이고, 다른 하나는 그를 초월하는 상상의 음향이지요. 나는 실수하고 완벽한 음악을 만들어내지 못하는 현실의 오케스트라를 의식하는 것이 아니라 상상 속 오케스트라의 음악에 귀를 기울이는 방식을 터득했어요. 그렇지 않다면 난 아마 그곳에서 견디지 못했을 거예요. - 헤르베르트 폰 카라얀

틀에 박힌
방식

재무분석 서류에 적힌 숫자들을 보자 우리가 계획한 목표치가 두 달 연속 실패한 것을 알 수 있었다. 영업팀에게 앞으로의 계획을 물어보자 바로 하락선을 치고 있는 자사 제품 전체의 판매량과 판매율이 떨어진 이유에 대한 분석 자료를 가져왔다.

　나는 더 큰 좌절감에 빠졌다. 마치 돋보기를 자동차 백미러에 붙여놓은 것처럼 상황이 더욱 크게 보였기 때문이다. 지난 판매 성적을 분석하는 것만으로는 성공적인 전략을 짜는 데 그다지 도움이 되지 않았다. 나는 릭과 영업팀에게 무슨 방법을 써서라도 영업 실적을 끌어올릴 만한 혁신적인 해결책을 찾으라고 다그쳤다.

"어떻게든 이 위기를 빠져나올 방법을 찾으세요!"

영업팀에게 불만이 가득 섞인 목소리로 말했다.

릭이 이끄는 영업팀은 그저 멍하니 나만 바라봤다. 한때 꾸준한 성공을 이루던 회사였지만 이제는 신제품 하나 개발할 만한 역량조차 까맣게 잊어버린 게 확실했다. 회사에 있는 뛰어난 인재들이 위기를 극복하기 위해 참신한 생각을 각자 행동으로 옮겼다면 분명 획기적인 성공을 거둘 수 있었을 터였다.

나는 내 손으로 문제를 해결해야 한다는 생각에 회사가 보유한 주요 고객들과 모임을 갖기로 했다. 거기서 고객들이 겪는 애로 사항과 최근의 관심사를 직접 들어보기로 했다. 물건을 팔겠다는 의도로 고객과의 만남을 추진한 것은 결코 아니었다. 나는 고객에게 이런저런 질문을 해서 최근 들어 소비 유형이 바뀐 이유를 면밀히 조사하고 싶었다.

그 결과 고객들 역시 우리와 비슷한 어려움을 겪고 있다는 사실을 알게 됐다. 그 때문에 전에 비해 구매 수량이 줄어든 것이었다.

나는 고객들에게 여러 가지 질문을 건넨 다음 우리에게 도움이 될 만한 정보를 얻을 수 있었다. 고객들도 살아남기 위해 새로운 유형의 제품과 서비스를 필요로 했는데 우리 회사를 비롯해 경쟁사가 아직까지 제공하지 못하는 것들이었다. 이런 상황에서 우리가 재빨리 참신한 솔루션을 제시한다면 고객의 새로운 니즈needs를 충족시키는 첫번째 회사가 될 것이었다.

그후 각 팀 대표들과 가진 간부 회의에서 나는 고객과의 만남에서 알게 된 사실을 자세히 설명했다. 또 신제품과 서비스를 제공할 수 있는 프로그램을 선보였는데 물론 고객이 현재 가장 필요로 하는 것들이었다. 나는 부서마다 해야 할 일을 일러두는 것은 물론 어떤 방식으로 진행해야 할지 그 방향까지 꼼꼼히 챙겨주었다.

물론 마에스트로가 말한 것처럼 연주자들이 자신의 고유한 음악을 하도록 도와줘야 한다는 얘기도 잊지 않았다. 그렇지만 이번 신제품 개발에 있어서는 내가 직원들에게 세부적인 정보를 알려줄 필요가 있다고 믿었다. 회의가 끝난 후 직원들이 회의실을 빠져나가는 모습을 보며 나는 매우 흐뭇해했다. 눈앞에 놓인 장애물이 무엇인지 그리고 어떻게 넘는지 확실하게 알았으니 이제 직원들의 성공만 지켜보면 되기 때문이었다.

이해할 수 없는 불협화음

나는 이번 회의가 성공적으로 끝났다고 믿고 자축의 시간을 보냈다. 직원들에게 영감을 줄 만한 비전을 제시했으니 분명 의욕적으로 일을 추진하리라 믿었던 것이다.

하지만 몇 주 후 상황 보고를 위해 다시 만난 영업팀은 내 기대와는 전혀 딴판이었다. 내가 지시한 내용을 글자 그대로 이행은 했으나 그 속에 담긴 정신은 아예 무시하고 있었다. 지난 몇 주간 영업팀이 수행한 일에는 고객의 요구와 관련된 새로운 정보가 전혀 담겨 있지 않았다. 우리가 처음 한 간부회의 때 알았던 정보만도 못한 내용이었다.

"내가 고객들과 만난 후 영업팀 직원들도 고객 방문을 했나요?"

릭에게 물었다.

"네."

"그런데도 고객의 관심사와 관련된 새로운 정보가 없다는 겁니까?"

"영업사원들이 고객들을 만나긴 했는데 좀 어색했다고 하더군요. 평소에는 물건을 판매하기 위한 목적으로 만나는데 이번에는 고객이 말하는 새로운 문제점을 현장에서 즉시 해결해주지 못했으니까요."

릭이 상황을 설명하기 시작했다.

"직원들은 이번 활동을 매우 낯설어합니다. 판매 행위와는 완전히 다른 일이니까요. 영업팀에서는 고객의 질문에 결정적이면서도 믿음을 주는 대답을 제시하는 데 익숙합니다. 그러니까 이번 과제에 대해서는 전혀 준비가 돼 있지 않았어요. 직원들은 계속 고객을 만나기보다는 그전에 이사님의 조언을 한 번 더 듣고 싶어합니다."

나는 무척 혼란스러웠다. 직원들에게 해야 할 일과 방법론까지 정확하게 일러주었는데 어떻게 이런 일이 일어날까? 경험 많고 재능 있는 직원들이 내 도움을 얻기 위해 마냥 기다리고만 있다니! 지금 회사가 절박한 상황에 놓여 있다는 걸 그들도 매우 잘 알고 있다. 그럼에도 불구하고 뭘 자꾸만 주저하는지 나로서는 도저히 이해가 안 갔다.

지휘자는 지휘봉으로 음악가들에게 이미 완성된 음악을 지시하는 것이 아니라, 자신의 혈액
순환의 움직임과 심장의 박동 속도에 맞는 템포를 전달하는 것이다. ─ 에르네스트 앙세르메

클라리넷 소리에
집중하다

리허설이 시작되길 애타게 기다리며 다시 비올라 파트 주변에 앉
았다. 이때까지만 해도 오늘 있을 일을 전혀 예상하지 못했다. 마에스트
로는 평소와 다름없이 오케스트라 전원을 능숙하게 대했다. 지휘자는 반
갑게 인사를 건넨 다음 단원들에게 연습할 악절에 집중하도록 지시했다.
리허설 도중에는 쓸데없이 낭비되는 시간이나 군더더기 말이 끼어들 틈
이 없었다.

　나는 지휘자가 오케스트라 단원들의 연주를 리드하는 동안 오로지 지
휘자에게만 시선을 집중했다. 지휘봉의 작은 움직임은 포착하기 힘들 정

도로 미묘했다. 지휘자의 시선이 사방으로 서서히 움직이더니 그는 두 눈과 귀를 통해 연주를 감상했다. 내가 듣기에는 단원들의 연주가 매우 훌륭했다. 그래서 지휘자가 비전과의 갭을 줄이기 위해 어떤 수정을 가할지 무척 궁금했다.

이윽고 지휘자가 연주를 중단시키더니 입을 열었다.

"멘델스존이 이 부분을 어떻게 작곡했는지 자세히 보세요. 제1바이올린 파트가 내는 멜로디(가락)가 있고, 제2바이올린과 더 낮은 옥타브를 내는 현악기 파트가 가락에 맞춰 반주를 하고 있어요. 물론 여기까지는 우리도 다 아는 내용입니다. 하지만 자세히 보면 현악기 파트의 멜로디가 한 옥타브 낮은 클라리넷 소리와 겹쳐진 걸 알 수 있지요. 그래서 여러 소리가 합쳐지자 클라리넷 부분은 전혀 들리지 않아요."

단원들이 다시 같은 부분을 연주했다. 그러자 음악이 전보다 더 은밀하고 신비롭게 들렸다. 물론 연주한 음표는 이전과 동일했다. 하지만 단원들이 모두 다른 소리에 묻혀 들리지 않던 클라리넷 소리를 들으려고 애쓰는 눈치였다. 그렇게 몇 분이 흘렀을까, 지휘자가 다시 연주를 중단했다.

그가 현악기 연주자들을 바라보며 말했다.

"방금 클라리넷이 얼마나 깔끔하게 리듬을 탔는지 들었죠? 자, 클라리넷 연주자가 했던 것처럼 현악기팀도 연주해봐요."

지휘자는 클라리넷 연주자를 쳐다보며 이어 말했다.

"현악기와 분리된 느낌을 주면 안 돼요. 현악기 파트가 클라리넷 소리를 들을 수 있도록 신경 쓰는 걸 잊지 말아요."

마지막으로 지휘자가 현악기 파트를 향해 던진 말은 나를 아연실색하게 만들었다.

"곡이 시작되면 굳이 지휘봉을 쳐다볼 필요 없어요. 클라리넷 소리에 집중하세요."

연주자들에게 지휘봉을 보지 말라고 지시하는 지휘자가 있다니! 나의 고정관념을 깬 그 결정에 놀라지 않을 수 없었다.

그리고 다시 연주된 곡은 환상 그 자체였다. 음악에서 잔잔한 분위기와 긴장감을 동시에 느낄 수 있었다. 폭풍 전야의 고요를 상징하는 부분이라고 해야 할까? 그런데 1~2분 전까지만 해도 차분하던 음악이 갑자기 점점 세지더니 폭풍우처럼 강렬한 곡을 연주하는 게 아닌가. 지휘자가 연주자들의 연주 솜씨를 끌어내는 모습은 놀라움 그 자체였다. 오케스트라 전원이 클라리넷에 집중하게 한 다음 곡의 강약을 완벽하게 조절하는 데 성공했기 때문이다.

그런 다음 지휘자는 격렬했던 부분을 재정비했다. 그는 금관악기와 케틀드럼 연주자 쪽을 보며 입을 열었다.

"신이 나게 연주 해봐요. 힘이 느껴지면서도 투명한 소리가 나올 때까지. 더 아름다운 소리가 될 거예요. 마치 엑스레이를 찍는 것처럼 속이 훤히 들여다보이는 소리를 청중에게 들려주는 거예요. 바로 그거예요.

소리가 강해야 해요. 하지만 목관악기와 현악기 소리가 들릴 정도는 되어야겠죠."

나는 현악기 소리가 조금 전보다 더 약하게 날 거라 예상했다. 하지만 연주자들이 악기의 줄을 현란하게 타며 연주하자 더욱 확실하게 들렸다. 처음부터 끝까지 한 치도 흐트러짐이 없었다. 나처럼 전문가가 아닌 사람이 들어도 그 차이가 너무나 확실하게 들린다는 사실이 그저 놀라울 따름이었다.

휴식 시간이 되었다. 많은 연주자가 휴게실로 떠났지만 나는 무대에 남아 주변을 어슬렁거렸다. 이때 바이올린 연주자가 자기 동료와 나누는 대화를 들었다.

"정말 최고였어요."

바이올린 연주자가 케이스에 바이올린을 넣으며 말했다.

"우리더러 클라리넷 소리를 경청하라고 했잖아요! 지금까지 수십 번 연주한 곡이지만 그런 요구를 한 지휘자는 이제껏 한 명도 없었어요."

동료 연주자도 고개를 끄덕였다.

두 연주자의 반응에 흥미를 느낀 나머지 나는 더 많은 얘기를 듣기 위해 그들이 있는 쪽으로 가까이 다가갔다.

"저도 지휘자가 그 악절을 연습하는 방식에 대해 궁금한 게 있는데요. 마에스트로의 방식이 다른 지휘자와 비교했을 때 어떻게 다른가요?"

"음."

두 여성 연주자 중 한 명이 대답했다.

"지휘자들은 대부분 우리가 처음에 어떤 연주를 하든 상관없이 만족스러워하는 반응을 보여요."

"맞아요."

옆에 있던 동료가 끼어들었다.

"그런 부류의 지휘자들은 리허설을 하는 동안 입을 꾹 다문 채 연주만 하게 해요. 참 짜증나는 일이죠. 그러니 연주가 부자연스러울 수밖에요."

"그래도 전 지금 지휘자와 다른 지휘자 사이에 특별한 차이가 안 느껴지는데요. 오늘만 해도 지휘자는 여러분이 조용한 소리를 내도록 지시했잖아요. 안 그래요?"

"그렇긴 하지만 단원들이 모두 클라리넷 소리에 집중함으로써 우리 스스로 클라리넷 소리를 발견하게 되었고 연주가 더 수월해졌어요."

"더구나 고요한 소리를 내면서 동시에 리듬을 잘 탄다는 게 여간 힘든 일이 아니거든요. 그런데 지휘자가 말한 대로 클라리넷 소리를 흉내 내 듯 연주하니까 두 마리 토끼를 동시에 잡을 수 있었지 뭐예요. 그보다 더 간단한 방법이 있을까 싶었죠."

옆에 있던 연주자도 맞장구를 쳤다.

"한 가지 더 말씀 드리면 그 방식은 우리에게 영감을 주기에 충분했어요."

"어떻게요?"

나는 점점 더 궁금해졌다.

"지휘자의 방식대로 하자 멘델스존에 대한 존경심이 더 생기지 뭐예요. 우리가 미처 발견하지 못한 작은 것에 그런 아름다움이 숨어 있다니. 클라리넷의 저음부처럼 말이에요."

저급한 비평가의 함정

나는 얼른 지휘자와 대화를 나누고 싶었다. 리허설이 끝나자마자 분장실로 다시 찾아갔다. 오늘은 지휘자도 내가 오기를 기다렸는지 반갑게 안으로 맞이했다.

"리허설 때 보니까 선생님이 의도한 방향을 연주자들에게 직접 설명하지는 않는 것 같더군요. 그 대신 저음부 클라리넷처럼 특정 악기에 집중하도록 자주 주문하셨는데 의도적으로 그렇게 한 겁니까?"

"제대로 맞추셨어요."

지휘자가 살짝 당황한 표정을 지었지만 환하게 웃으며 대답했다. 마치 자신의 비밀이 누설된 것마냥 조금은 긴장한 기색이 스쳐갔다.

"그 외에 더 발견한 게 있나요?"

나는 리허설 때의 상황을 좀더 자세하게 기억해보려고 애썼다.

"당신은 오케스트라 단원들에게 지휘에 집중하라는 말을 거의 하지 않았어요. 오히려 반대로 지휘봉을 쳐다보지 말라는 말씀을 하시더라고요."

"네, 그랬어요. 오늘은 왠지 중요한 점을 찾으러 오신 것 같군요."

지휘자는 대화가 길어질 것을 예감하고 나를 자리로 안내하려 했다.

"젊었을 때는 단원들이 해야 할 일을 직접 말해주는 게 최선이라고 생각했어요. 그래서 연주자와 일대일로 대화를 하며 지시 사항을 전달했죠. 말로 할 때도 있고 지휘봉으로 지시할 때도 있었어요. 여러 항공 노선이 대도시 공항으로 집중되는 것처럼 저란 사람을 중심으로 모든 게 움직였답니다."

"오늘 그 부분 연습 때 그렇게 했다면 어땠을까요? 연주자들에게 문제를 직접 지적하고 현악기 파트가 좀더 부드럽게 연주하라고 요구했다면요?"

나는 리더가 해야 할 일이 바로 이런 거라고 생각했다. 그래서 지휘자의 반응을 알기 위해 내 생각을 말한 것이다.

"네, 그게 바로 제가 젊었을 때 썼던 방식입니다. 지시 사항이 모호하지 않고 정확하다면 분명 좋은 결과를 얻을 겁니다. 하지만 단원들의 재능과 에너지를 샘솟게 하는 데는 전혀 도움이 되지 않아요. 그런 방식으로는 단원들의 실력을 최상으로 끌어올릴 수 없을 겁니다."

"지시 사항이 정확하기만 하다면 가능하지 않을까요?"

"아뇨. 그런 방식을 쓰는 지휘자는 자신의 영향력을 연주 방식은 물론 연주자란 인격체에게 동시에 가하려 하니까요."

그의 대답을 듣자 나는 당혹스러웠다. 사람들에게 고쳐야 할 점을 지적하고 바뀌는 과정을 책임지고 지켜보는 일이 뭐가 잘못된 것인가? 빙빙 돌려서 말하는 것보다 차라리 더 낫지 않은가!

"죄송하지만 저는 잘못된 점을 바로 고치는 방식이 왜 잘못인지 잘 모르겠네요."

지휘자는 대답에 신중을 기하려는 듯 잠시 침묵을 지켰다.

"네, 그 말에도 일리가 있지만 결정적인 차이가 있어요. 지휘대에 올라선 순간부터 당신은 그후에 일어나는 일에 대해 모든 권한과 책임을 떠맡아야 합니다. 그래서 당신 혼자서 모든 판단과 피드백을 해야 합니다. 이런 상태에서 소리가 너무 크게 들리면 당신은 바로 단원들에게 지적하겠지요.

하지만 이러한 방식으로 팀을 지휘할 경우 두 가지 문제가 발생합니다. 먼저, 권위적인 방식으로 피드백을 할 경우 지휘자는 단원들에게 다음과 같은 메시지를 전달하는 것과 마찬가지입니다. 바로 지휘자가 생각하는 대로 될 때까지 연주자들은 각자 판단을 보류해야 한다는 의미가 담긴 메시지지요. 그렇게 되면 지휘자가 무대 위에서 발휘하는 권력 때문에 결국 연주자들을 더욱 수동적인 태도로 몰고 갈 수밖에 없어요."

"그게 바로 당신이 말하는 함정이지요?"

"네. 작품에 대해 주인 의식을 느끼는 데 큰 장애가 되는 함정이지요. 두번째 문제는 지휘자의 피드백은 연주 중에는 이뤄질 수 없어요. 연주를 중단시킨 다음 일일이 설명을 하지요. 연주와 피드백 사이에 시간차가 생기면서 연주자들이 지휘자의 지시를 잘못 이해하거나 혼란에 빠지는 경우가 종종 생긴답니다. 또 정확히 어느 파트에서 소리가 커졌는지 아니면 처음부터 끝까지 소리가 컸는지 말로 설명하는 데도 한계가 있어요. 연주가 내내 훌륭했는지, 부드럽게 연주해야 할 부분이 충분히 부드러웠는지도 설명해야 해요. 이렇게 지휘자가 수정할 부분을 설명한 후에만 비로소 연주자들이 대응책을 마련할 수 있답니다. 하지만 이 모든 걸 말로 설명할 시간이 없어요. 게다가 지휘자의 설명이 단원들에게는 애매하게 들릴 때가 많아요."

나는 지휘자가 말하는 의도를 이해한다는 표시로 고개를 끄덕거렸다. 그가 제시한 시나리오는 내게도 익숙한 이야기였다. 나는 조금 전에 바이올린 연주자 두 명과 나눈 얘기를 곱씹어보았다. 그제야 지휘자의 말에 단원들이 입을 꾹 다물어야 하는 상황이 얼마나 짜증나는 일인지 알 것 같았다. 단원들은 사실을 바탕으로 한 지적을 듣고 잘못된 점과 잘한 점을 구별할 수 있다. 비록 지휘자의 말에 모호한 부분이 있다 해도 크게 문제될 것은 없다. 하지만 이와 같은 방식이 연주자의 능력과 자발적인 의욕을 얼마나 짓누르는지 짐작이 갔다. 능력과 의욕은 연주자 스스로 갖춰야 할 중요한 요소인데도 말이다.

"그럼 당신은 어떻게 하나요? 음악이 커도 그냥 내버려두나요?"

"아뇨, 그렇지 않아요."

지휘자가 살짝 웃으며 대답했다.

"원하는 결과를 얻는 데 매우 효과적인 방법이 있어요. 리더와 팀원 모두가 쉽게 접근할 수 있지요. 지휘자는 먼저 연주자들을 통제하려는 마음을 떨쳐야 해요. 그리고 단원들도 예술가라는 사실을 인정해야 하지요. 이들도 음악적인 재능을 갈고닦은 사람들로 혼자서도 충분히 판단할 수 있으니까요. 지휘대에 올라간 지휘자는 오케스트라에서 핵심이 되는 포인트를 확대해주는 역할만 할 뿐이죠."

"아까 클라리넷에 포인트를 준 것처럼요."

내 대답에 지휘자가 바로 호응했다.

"맞아요. 나는 음이 크지 않아 잘 안 들리는 클라리넷을 선택했어요. 연주자들은 그 소리를 듣기 위해 자기 소리를 작게 냈지요. 피드백 때문에 지휘자를 바라볼 필요도 없어. 그저 자신이 듣는 소리에만 귀를 기울이면 되니까요. 그래서 지휘봉을 보지 말라고 했던 거예요. 소리에만 집중해야 하는데 지휘봉을 쳐다보면 주의가 산만해질 수 있거든요. 이렇게 지휘자와 단원은 특정 부분을 연주하는 동안 피드백을 동시에 할 수 있어요. 그렇게 되면 자신이 발휘할 수 있는 역량을 최대한 음악에 쏟을 수 있지요."

와우! 정말 대단한 생각이었다. 하지만 상황을 다른 관점에서 보고 싶었다.

"소리가 너무 크거나 아니면 너무 작을 때 직접 말하지 않는다고 칩시다. 그러다가 연주자들이 당신의 의도를 이해하지 못하거나 곡을 잘못

해석하면 어떡하죠? 리더로서의 역할을 그렇게 포기해도 되는 겁니까?"

"제 일은 일반적인 리더십과는 조금 거리가 있습니다. 물론 음악의 구성을 이해하고 단원들이 각자 맡은 파트에 충실하도록 안내하는 게 제 몫이라는 건 잘 알아요. 하지만 단원들이 직접 음악을 경청하고 소리를 부드럽게 내야 한다는 걸 스스로 깨닫길 바라요. 연주자들은 음악을 들을 줄 아는 훌륭한 귀가 있어요. 굳이 내가 간섭하지 않아도 멋진 연주를 할 수 있지요. 그래요, 연주자와 지휘자는 서로 뗄 수 없는 유대관계를 느껴요. 하지만 연주자들이 자신의 소리뿐만 아니라 동료들의 소리와 맺는 끈끈한 유대관계와는 비교할 수 없지요. 현명한 지휘자라면 단원들이 소리와 교감하는 깊은 유대관계를 이용해 자신의 비전을 현실화할 수 있지 않을까 싶네요."

마에스트로는 시계공이 아니다

처음 리허설에 참여했을 때 내 눈에 오케스트라는 하나의 시계이고 지휘자는 시계의 고장 난 부분을 고치는 시계공이라 생각했다. 그런데 지금 보니 오케스트라는 기계가 아니라 인식과 지성, 판단력을 겸비한 생명체였다. 또 종합적인 예술성과 기본적인 지식을 갖춘 존재이기도 했다.

나는 단원들이 에너지를 한곳에 집중하는 과정을 새롭게 보기 시작했다. 시계 뚜껑을 열어 결함을 고치는 것이 결코 리더의 역할이 아니었다.

진정한 리더는 자신의 그룹이 최상의 위치에 올라서도록 옆에서 도와주는 역할을 할 뿐이다. 아주 사소한 조율만으로도 전체적인 변화를 빠른 시간 내에 얻을 수 있다.

나는 그 순간 미래파 건축가로 유명한 버크민스터 풀러^{Richard Buckminster Fuller, 1895~1983}가 자신의 뉴스레터 이름을 트림탭^{Trimtab}으로 지었다는 일화가 생각났다. 트림 탭^{trim tab}은 일반 배에 달린 주된 키^舵에 부속된 작은 키를 말한다. 거대한 배는 방향을 돌릴 때, 커다란 키가 거센 물결을 거슬러야 하기 때문에 회전하기가 매우 까다롭다. 이때 상대적으로 크기가 작은 트림 탭을 계속해서 움직이면 메인 키도 따라서 움직인다. 이 원리를 이용해 거대한 배가 방향을 효과적으로 바꿀 수 있게 되는 것이다. 결국 트림 탭처럼 적절한 수단만 이용한다면 어마어마한 노력을 들이지 않고도 규모가 큰 조직을 변화시킬 수 있다. 오늘 나는 지휘자가 자신이 그토록 열망하는 방향으로 오케스트라란 조직을 이끌기 위해 어떤 효과적인 수단을 사용했는지 확인할 수 있었다.

"단원들이 무엇에 집중해야 하는지 당신은 어떻게 그렇게 잘 알죠?"

나는 긴 침묵을 깨고 지휘자에게 물었다.

"그걸 아는 게 바로 진짜 예술이지요."

지휘자는 진지하게 대답했다.

"악보를 보면서 전체와 부분의 상호관계를 잘 찾아야 해요. 그래야 큰 어려움 없이 좋은 기회를 얻을 수 있으니까요. 어떤 경우에는 가장 빠른 음표를 표현하는 악기에 집중해서 모든 소리가 제자리를 잡도록 도와줘요. 또 어떤 때는 리드를 하는 악기와 뒷받침을 해주는 악기 파트를 따로 지정해서 오케스트라 화음을 조화롭게 하기도 해요. 때로는 가장 먼저 나와야 할 소리와 중간에 들려야 할 소리, 바탕을 이루는 소리를 명확하게 짚는 게 필요하거든요."

나는 지휘자의 말을 들으며 계속해서 고개를 끄덕였다.

"그럼, 소리를 듣는 것만으로 정말 문제가 해결되나요? 잘못된 점을 직접 말해주는 것보다 더 빨리 해결될까요?"

"그럼요. 더 빨리 해결될 뿐만 아니라 질적인 면에서도 더 나아요. 엉터리 지휘자들은 완전히 다른 방식으로 지휘를 해요. 연주자들을 로봇처럼 행동하게 만들지요. 또 단원들이 스스로 내린 판단을 가로막고서 자신의 생각만 강조하니까요. 하지만 진정한 리더십을 겸비한 지휘자라면 오케스트라 단원들에게 특별한 정서를 전달하지요. 그 감정이 빚어낸 고유한 소리가 고스란히 음악에 배어 매혹적인 소리를 이루니까요. 투명한 연주가 완성되는 거지요. 연주자들은 자기 자리에 앉아서 연주하지만 전체적인 소리를 다 들을 수 있어요.

단원들은 자신의 예술성을 마음껏 발산할 수 있고 지휘자에게 의존해야 한다는 압박감도 덜 받아요. 단원들 스스로 그러한 정서를 불러올 수는 없지만 분명 이 상태를 마음에 들어하는 것만은 확실해요. 오로지 지휘자만이 끄집어낼 수 있는 특별한 감정이지요."

"그래서 당신이 계획한 연주를 위해 금관악기와 케틀드럼 파트에게 엑스레이를 찍는 것처럼 연주하라고 한 거군요."

"맞아요. 투명한 소리를 내고 우선순위가 아주 높은 부분에 귀를 기울이다보면 어느새 단원들이 연주에 푹 빠져 있어요. 그럼 신기하게도 오케스트라가 하나의 공동체로 변해 있는 걸 알 수 있답니다. 내가 하는 모든 일의 기본은 바로 단원들이 공동체 의식을 느끼게 하는 거예요. 내가 하는 모든 말과 억양, 몸짓은 이 목표를 이루기 위한 수단에 불과하지요. 공동체 의식을 느낄수록 단원들은 곡 이해가 뛰어날 뿐만 아니라 짧은 시간 안에 창의적으로 실력을 발휘해요. 리더인 지휘자에게 집중하며 연주하는 것보다 단원들이 느끼는 기쁨은 훨씬 크답니다. 모든 파트가 지휘자 한곳에 시선을 집중하는 방식은 한마디로 생명체의 숨결을 앗아가는 행위나 다름없지요."

질투심에 휩싸인 CEO

이날 홀을 걸어나오는데 만감이 교차하는 기분이었다. 지휘자가 해준 얘기 중 많은 부분이 내가 지금까지 옳다고 믿고 행동하던 방식과는 정반대였기 때문이다. 나는 지휘자의 방식에서 허점을 찾아내 그가 했던 말을 모두 잊고 싶을 정도였다. 지휘자가 회사에 대해 뭘 알겠는가? 평생 악보만 보며 살았던 사람이 아니던가! 오케스트라를 이끄는 일과 회사에서 경영 전략과 예산안을 짜고 또 자원을 배분하는 일은 너무나도 달랐다.

하지만 그렇게 생각해봐도 지휘자의 말이 계속 떠올랐다. 아마도 연주 현장에서 음악의 에너지와 일치감, 속도, 유연성을 직접 보았기 때문에 그런 것 같았다. 게다가 단원들의 공동체 의식도 느낄 수 있었다. 나아가 단원들이 클라리넷 소리에 귀를 기울이며 연주할 때는 내 평생 잊지 못할 멋진 소리를 들려줬다. 한술 더 떠 단원 전체가 소리의 미묘한 차이를 이루기까지 그렇게 많은 노력을 필요로 한 것 같지도 않았다. 왜냐하면 지휘자가 적절한 보조 수단을 제공한 덕분에 단원들이 특정 소리에 집중을 할 수 있었다.

그렇다면 나는 왜 회사에서 지휘자처럼 할 수 없는 걸까? 영업팀 직원들이 고객의 소리에 귀를 기울이게 하려면 어떻게 해야 할까? 오케스트라 단원들이 일제히 클라리넷 소리에 집중한 것처럼 나도 비슷한 방식을 찾아야 할까? 지휘자는 단원들에게 지휘봉을 보지 말라고 했다. 그 방식을 따르려면 내가 직원들에게 자율성을 부여해야 한다. 직원들이 고객의 니즈를 스스로 해석하도록 자유를 주는 것이다. 그렇게 했는데도 직원들의 반응이 느리거나 결과가 시원찮으면? 또 내가 전달한 사항을 이해하고 그대로 행동에 옮기는 직원들이 혹시나 내가 그들의 판단을 신뢰하지 않는다고 생각하는 건 아닐까? 나를 중심으로 움직였던 경영 방식을 탈피하고, 공동체 의식에 무게를 둔 전략으로 직원들을 이끄는 것은 결국 내가 해야 할 일이었다.

여러 의문이 계속해서 떠올랐다. 그러자 지금까지 내가 잘해왔다고 믿었던 리더십 전략이 뿌리째 흔들리기 시작한 것이다. 오케스트라의 연주 장면을 떠올리자 지휘자의 생각이 틀리지 않는다는 확신이 더욱 굳혀졌다. 나도 변할 수 있다는 가능성을 지금 당장 증명해야 한다면 두 귀를 쫑긋 세운 채 리허설 연주를 들었던 내 모습을 떠올리기만 하면 되었다.

나는 새로 배운 리더십 유형을 직접 확인해보기로 결심했다. 다음 날 영업팀 사원들을 불러 내 도움 없이 새로운 계획을 실행해보라고 요구했다. 물론 확실한 해결책도 마련하지 않은 상태에서 무조건 고객들을 만나 상담하는 게 얼마나 낯설고 힘든 일인지는 말 안 해도 잘 안다. 하지만 영업팀 직원들이 고객과 나눠야 할 새로운 대화법에 하루 빨리 익숙해지는 게 지금으로선 시급한 과제였다.

나는 직원들이 고객을 만나면 우리 제품의 단점이 무엇인지 알아보고, 비즈니스의 급속한 변화에 맞서 우리 회사가 어떤 변화를 시도하면 좋을지 꼭 물어보라고 지시했다. 또 고객이 차마 입 밖으로 꺼내지는 않지만 머릿속으로 무슨 생각을 하는지도 유심히 관찰하라고 강조했다. 만약 영업사원들이 내가 말한 대로만 따라준다면, 영업팀 책임자는 부하 직원들의 조사 자료를 거름 삼아 고객의 욕구를 충족시킬 만한 새로운 제품과 서비스를 구상할 수 있을 것이다. 또 현재 생산되고 있는 우리 회사 제품의 결점을 보완할 만한 수정안도 제시할 수 있을 것이다.

가만히 생각해보면 내가 직원들에게 그리 파격적인 제안을 한 것은 아니다. 하지만 왠지 마음 한구석에서 걱정이 앞섰다. 직원들이 자발적으로 노력해 획기적인 성과를 얻도록 도와주고 싶은 내 바람이 과연 성공할 수 있을지 확신이 없었기 때문이다. 사실, 그들만큼이나 불안하기는 나도 마찬가지였다. 하지만 회사를 위해서는 이렇게 하는 것이 현명한 선택이라고 생각했다.

교향곡 악장을 하나하나 연주할 때마다 위기가 닥쳐왔어요. 단원들은 빈틈없이 연주해야 한다는 사실에 목숨까지 내건 듯 그렇게 엄격하게 연주했지요. 보통의 상식으로는 이해하기 힘든 마에스트로 개인의 비밀스러운 힘이 그 모든 것을 이끌고 있었어요. - 지휘자 가바체니가 마에스트로 토스카니니를 회상하며

막다른 길

무엇보다도 고객의 목소리를 정확하게 듣기로 한 뒤부터 영업팀 직원들의 허점이 눈에 들어오기 시작했다. 나는 또 회사가 거래하는 주요 제품 공급 업체들과 직접 만나면서 더 많은 이야기에 귀를 기울일 수 있었다. 예상했던 대로 많은 업체에서 자금의 흐름에 애로가 많다고 털어놨다. 설상가상으로 이들은 우리 회사가 대금 지급을 계속 미루는 바람에 더이상 함께 일하는 게 힘들다고 토로했다.

회사가 주요 제조업체들과 돈독한 관계를 형성하는 것이야말로 내가 생각하는 경영 전략의 필수 요소 중 하나다. 나는 곧 회계팀을 맡고 있는 테드에게 한 달 안에 지출과정에 걸리는 전체 시간을 25퍼센트 줄이도록 지시했다.

다음 달 말쯤 되면 나는 회사가 한 달 동안 많은 성과를 거둘 것이라 생각했다. 물론 첫 달부터 성과가 25퍼센트 이상 개선되기는 힘들었다. 그런데 대금 지불과정에 전혀 변화가 없음을 알고 나서 나는 거의 이성을 잃을 뻔했다.

"그동안 무슨 일이 있었던 건지 자세히 알아봐요."

테드에게 지시했다.

"네, 알겠습니다. 하지만 납품 대금을 지급하는 시간을 갑자기 단축시키셔서 일이 굉장히 어려워질 것 같습니다."

"왜죠?"

나는 약간 짜증 섞인 말투로 물었다.

"어째서 회계팀 직원들은 일을 제때에 마무리하지 못한 겁니까. 지출 파트 직원들이 설마 모두 바보는 아니겠죠?"

2주가 지난 뒤 테드가 보고서를 들고 다시 찾아왔다.

"이사님, 지출 파트에 있는 직원들은 이 분야에 정통한 전문가들입니다."

테드가 공손하게 말했다.

"정확하고 신뢰할 수 있는 송장invoice을 빠른 시간 안에 완성하는 시스템을 개발한 사람들입니다. 저는 직원들이 일을 계획하고 실행하는 과정을 보면서 깊은 인상을 받았어요. 회사를 위해 성실히 일하는 직원들입니다."

"그런데 왜 지급이 제때 안 되고 연기된 겁니까?"

"이사님도 잘 아시겠지만……"

테드가 시무룩한 표정을 지었다.

"구매팀과 관련된 일이라서요."

회계팀 책임자가 자신의 부서를 편들기 위해 재빨리 구매팀을 지적하자 나는 눈살을 찌푸리지 않을 수 없었다.

"구매팀은 요즘 자기들끼리만 똘똘 뭉쳐 있어요. 다른 부서와 일을 같이 하는 게 아니라 구매팀끼리만 정보를 공유한다니까요."

"그래서 어떤 문제가 생겼는데요?"

"구매팀에서 일하는 체계가 회계 파트와는 제대로 연결되는 게 없어요."

테드는 내가 손을 들어 중단시키려는 모습을 보자마자 서둘러 말을 이었다.

"지금 지출 파트 직원들은 지혜를 모아 문제를 해결하기 위한 방안 마련에 한창입니다. 저희는 구매팀에 수시로 전화를 걸거나 이메일을 보내 납품 업체 수와 상품 규격을 확인해야 합니다. 그런데 이 과정에서 몇 가지 문제가 발생하지요. 그래서 지금 시기가 더 늦어지는 겁니다."

"지출 파트 직원들은 구매팀 직원들에게 작업 방식을 바꿔달라는 요구를 하지 않았나요?"

"왜 안 했겠어요? 당연히 했죠. 여러 번 했지만 소용없었어요. 게다가 구매팀은 우리더러 방식을 바꾸라고 조언하더군요. 두 팀 사이에는 어떤 타협도 없어요. 상대 부서를 골칫덩어리로만 여길 뿐이에요. 또 자기 부서가 일하는 방식이 최고라며 우쭐대지요."

"지금 두 부서는 서로 갈 데까지 간 상태군요."

"그렇다고 할 수 있어요. 그래서 걱정이 많이 돼요. 두 부서 모두 회사 상황이 매우 좋지 않다는 걸 알고는 있지만 문제를 해결하겠다는 의지는 보이지 않아요. 대신 상대방을 탓하며 책임을 회피할 뿐이죠."

모든 과정을
이야기하듯

리더십에 대한 지휘자의 생각은 마지막으로 그를 만난 이후에도 계속해서 내 머릿속을 떠나지 않았다. 지휘자의 말을 들은 후부터 리더에 대한 관념이 달라지기 시작했다. 그래서일까. 내 신념을 흔드는 그와의 만남이 이번에는 썩 달갑게 느껴지지 않았다. 지휘자의 생각을 더 들어야 하는지 망설이긴 했지만 그래도 앞으로 몇 번 더 마에스트로와 만날 생각이었다. 그리고 리허설 때 듣는 연주도 뿌리칠 수 없는 매력이었다. 소리가 울려 퍼지는 넓은 무대 안쪽에 있노라면 전에는 느껴보지 못했던 강한 힘이 불끈 솟는 느낌이었다. 집과 회사를 오가면서도 리허설 때 들었던 음악이 하루 종일 머릿속을 떠나지 않았다. 음악이 내 인생의 벗이 되었다고나 할까!

플로와 돌 건네기 놀이

리허설 무대로 올라간 나는 비올라 파트 뒤에 마련된 익숙한 공간을 보았다. 자리로 가는 동안 주변 연주자들에게 가볍게 고개를 숙이며 인사를 했다. 연주자들도 이젠 리허설 때마다 나를 보는 게 익숙한 듯한 눈치였다. 평소와 마찬가지로 오케스트라 단원들이 악기를 조율하기 시작했다. 얼마 후 지휘자가 단상 위에 올라섰다.

"아다지오."

지휘자의 짧은 말 한마디에 연주자들이 악보를 넘기며 연주할 준비를 마쳤다.

바이올린 연주자들이 활을 무릎에 올려놓고 대신 손가락으로 바이올린 현을 퉁기는 모습이 가장 먼저 눈에 들어왔다.

제2바이올린 연주자들도 마찬가지였다. 잠시 후 제1바이올린 연주자들이 감미로운 멜로디를 들려주기 시작했다. 바이올린 소리가 콘서트홀 안을 가볍게 떠다니는 듯한 느낌이었다. 마치 간절한 사랑 노래를 연주하며 온 정성을 쏟는 것 같았다.

바이올린 소리는 꼭 관악기 연주자들이 내는, 느리면서도 우아한 소리처럼 들릴 정도였다. 그러다가 점점 소리에 힘이 실리더니 드디어 케틀드럼 연주자가 클라이맥스를 장식하려는 듯 합류했다. 그리고 다시 바이올린 소리가 주도권을 잡았다.

마침내 지휘자가 연주를 멈추며 말했다.

"제1바이올린, 정말 잘했어요! 거기서 악구phrase를 조금 더 길게 끊어 보는 게 어때요? 멜로디의 전체 과정을 말할 수 있도록 말이에요. 처음 나오는 소절 4개에서 끊지 말고 소절 20개가 자연스럽게 연결되도록 해 봐요. 높은 음이 14번째 소절까지 이어지지 않는데 다음에 할 땐 곡선을 그리듯 소리를 길게 끌어봐요. 그리고 각각의 음색이 너무 튀지 않았으면 좋겠어요."

평소와 다름없이 나는 지휘자의 지시 내용을 처음 들어서는 전혀 이해하지 못했다. 반면 바이올린 연주자 중에는 지휘자의 말에 동의한다는 듯 고개를 끄덕이는 사람도 있다.

"제2바이올린과 비올라는 제1바이올린의 주요 멜로디에 음을 추가한다는 느낌으로 연주해봐요."

연주자들이 다시 연주를 시작했다.

리허설이 시작되면서부터 지휘자는 플로flow에 대해 자주 언급했다. 그러면서 소절의 흐름이 중간에 끊이지 않도록 당부하면서 구절법의 목적을 계속해서 강조했다. 나는 지휘자가 지시하는 내용을 정확히 이해하지는 못했지만 연주의 차이만은 확실하게 느꼈다. 음악 소리에 내 몸이 휩쓸려가는 기분이 점점 더 강하게 들었기 때문이었다. 지휘자가 더 많이 지시할수록 소리가 하나의 흐름처럼 연결되었다. 내 몸이 소리에 실려 어디론가 흘러가는 기분이 들었는데 참으로 유쾌한 경험이었다.

리허설이 끝나고 분장실에 앉아 있던 나는 기다렸다는 듯이 지휘자에게 첫번째 질문을 던졌다.

"하루 종일 플로에 신경을 많이 쓰시던데요. 소소한 부분도 놓치지 않고 그렇게까지 강조한 데는 특별한 이유가 있나요?"

"글쎄요. 플로는 음악의 기본이라고 할 수 있어요. 그렇다고 아주 작은 부분으로 여길 수만은 없는 중요한 것입니다. 또 누구나 쉽게 성공할 수 있는 기법도 아니고요. 단순히 음표를 정확하게 읽는 것에서 한 단계 더 나아가기 위한 작업이라고 할 수 있지요. 플로의 중요성은 흐름을 따라가는 단원들이 느끼는 에너지에 직접적으로 힘을 실어주는 데 있어요. 물론 단원들을 하나로 단결시키는 데도 유리하게 작용한답니다. 또 연주자들의 예술성과 상상력에도 긍정적인 영향을 미치지요."

"플로만 신경 쓰면 그 모든 게 가능하다는 거예요?"

"음, 그게 다는 아니에요. 플로는 오케스트라가 우선적으로 생각하는 주요 요소 중 하나예요. 그런 의미에서 플로에 대해 물어보시다니 적절한 질문을 찾으셨네요. 플로는 현재의 순간과 그다음 순간을 이어주는 다리 역할을 한답니다. 또 다른 말로 하면 무대에 있는 에너지를 청중석까지 전달해주는 연결 통로 역할을 하지요."

지휘자는 자신의 심정을 그대로 표정으로 나타냈다.

"단원들이 집단의식을 느끼기까지 플로는 없어서는 안 될 필수 수단이에요."

"어떻게 플로가 집단의식을 형성할 수 있죠?"

내가 던지는 질문을 항상 진지하게 생각한다는 점에서 나는 지휘자를 존경하지 않을 수 없었다. 지휘자는 열심히 골몰하는 듯했지만 바로 대답을 주지는 않았다.

"좋아요. 학교에서 아이들이 둥글게 앉아 콩주머니 따위의 물건을 돌리는 놀이가 있는데 혹시 무슨 놀이인지 아세요?"

드디어 지휘자가 작정하고 입을 열었다.

나는 그가 놀이를 말해준 의도를 바로 알아차렸다. 회사 밖에 돌이 많은 부지를 지나다가 한 무리의 드럼 연주자가 팀워크를 위해 돌을 옮기는 놀이를 하는 걸 보고 나도 동참했던 일이 생각났던 것이다.

"아, 맞아요. 일명 '돌 건네기 놀이rock game' 라고도 하죠."

지휘자가 말했다.

"각자 돌 두 개를 바닥에 내려놓은 다음 네 단계로 나눠 순서대로 따라하는 놀이지요. 먼저 돌을 들어 올려요. 그런 다음 두 돌을 서로 부딪쳐 소리를 내지요. 그다음에는 자기 왼쪽에 있는 사람 앞에 두 돌을 내려놓아요. 그리고 마지막으로 두 손을 모아 박수를 쳐요. 모든 사람이 동시에 참여해야 하기 때문에 박수를 치자마자 오른쪽에 있던 사람이 건넨 새로운 돌이 눈앞에 보일 거예요. 그럼 처음으로 돌아가 다시 옆 사람이

했던 네 단계를 밟는 놀이죠. 일정한 리듬에 따라 움직여야 하기 때문에 그룹에 반복되는 파동^{pulse}이 생긴답니다. 돌이 시계 방향으로 계속 이동하기 때문에 모든 사람이 함께 움직여야 하는 공동 작업이에요. 가끔 예상치 못한 일이 생기면 여기저기서 웃음이 터져나오죠. 속도가 빠르거나 느린 사람, 박자를 놓친 사람이 나오니까요. 그러다가 흐름이 갑자기 끊길 때가 있어요. 박자를 놓친 사람 때문에 한 사람 앞에 돌이 여러 개가 모이는 경우가 생기거든요. 그렇게 되면 혼자서 그 많은 돌을 들어 올릴 수 없어 애를 먹지요. 옆에 있는 사람은 돌이 하나도 없는데 말이에요."

"맞아요. 그랬어요."

그때의 기억을 떠올리자 저절로 입가에 미소가 맴돌았다.

"자, 다시 오케스트라 얘기로 돌아오죠. 연주자들이 이따금 매우 특별한 연주를 할 때가 있어요. 리듬을 타기 시작하면서 단원들은 연주가 소리의 파동을 만드는 게 아니라 정반대로 파동이 연주를 이끈다고 느낄 정도예요. 오케스트라가 개개인이 모인 집단 그 이상의 운명체가 되는 순간이지요. 소리의 파동을 느끼며 단원들은 일심동체가 되어 하나의 팀을 이루니까요. 그러면 까다로운 연주도 매우 쉽게 느껴져요. 그리고 아무도 연주하면서 실수를 하지 않지요. 돌을 옮기는 게임을 계속 하다보면 연속되는 동작이 매끄럽게 이어지는 것처럼 말이에요. 이런 경험을 전에 해본 적이 있다면 그 순간이 매우 특별한 시간이었다는 걸 아실 거예요. 그게 바로 플로예요. 집단을 하나로 묶어주는 매력적인 분위기를 발산하는 게 바로 플로랍니다."

지휘자는 말을 이어갔다.

"게임이 시작되면 사람들은 자신의 움직임에 신경을 많이 씁니다. 그러다가 그룹 전체가 일정한 흐름을 찾게 되면 개인이 다른 사람들과 하나로 연결된 것 같은 유대감을 느끼게 되지요. 그럼 개인은 더이상 홀로 일을 하는 게 아니라 전체적인 에너지의 파동을 따라 움직입니다. 그러다 보면 일이 전보다 더 수월하게 느껴지는 건 당연합니다. 전에는 자신의 일에만 집중했다면 이제는 그룹 전체의 움직임을 느끼며 집중을 하니까요. 그래서 자신의 두 손에 있는 돌뿐만 아니라 앞으로 다가올 옆 사람의 돌까지도 동시에 느낄 수 있게 됩니다."

"그러니까 당신이 말하는 플로가 곧 현재와 미래를 연결해준다는 뜻이죠?"

나는 지휘자에게 물었다.

"네. 플로는 당신이 지각할 수 있는 시간의 길이를 늘이는 구실을 합니다. 그래서 게임을 할 때 느끼는 순간순간이 평소와는 다르게 느껴지는 겁니다. 게다가 당신이 지각할 수 있는 대상도 확장된답니다. 전에는 자신의 움직임만 자각했다면 이제는 전체 구성원의 움직임을 느낄 수 있으니까요."

지휘자가 말하는 의도가 충분히 이해는 가지만 나는 그 일이 그렇게 중요한 것인지 의구심이 들었다.

"그렇군요. 그렇다면 플로를 오케스트라에 접목하기 위해 구체적으로 어떤 일을 하셨나요?"

"먼저 단원들이 전체를 하나로 느낄 수 있도록 애썼어요. 하지만 생각만큼 쉬운 일이 아니었지요. 먼저, 단원들이 사방에 흩어져 있는 이상 멀리 떨어진 단원들을 하나로 이어줄 접점을 찾는 게 가장 절실했지요."

"이 상황을 '돌 건네기 놀이'에 비유해봤을 때 한쪽에 앉은 연주자들이 반대편에 있는 연주자들에게 돌을 건네줘야 하는 상황이 벌어진 거군요."

"맞아요. 하지만 연주자들은 똑같은 악보를 보며 같은 음표를 연주하는 게 아니에요. 빠른 음표로 이루어진 악보를 연주하는 파트가 있는 반면 느리게 연주해야 하는 파트도 있어요. 어떤 악기는 소리를 매우 빠르게 내야 하지만 어떤 악기는 최대한 천천히 연주를 해야 하지요. 또 다른 악기의 소리가 나오기 직전에 자신이 적절한 시기를 포착해 연주를 시작하는 것도 매우 중요해요. 단원들은 각자의 몫인 다양한 파트를 완벽하게 소화해내야만 합니다."

"주요 멜로디를 연주하는 파트와 뒤에서 반주를 해줘야 하는 파트가 확실히 나뉘어 있다는 말씀이죠?"

"네. 거기서 끝이 아니라 더 세부적으로 들어가야 해요. 일정한 시간 동안 매우 분주하게 악기를 연주해야 하는 파트가 있는 반면 어떤 파트는 최대한 느리게 따라가야 하니까요. 하지만 한 치의 오차도 없이 여러 소리가 화음을 이루며 조화를 이끌어내야 한답니다."

"그게 어떻게 가능하죠?"

"쉽게 할 수 있는 일은 아니에요. 하지만 일단 성공하면 그다음부턴 연주자들도 수월하게 느끼지요. 연주자들은 공간과 시간에 대한 인식 범위를 넓힐 필요가 있어요. 그러기 위해서는 사방에서 들려오는 소리에 귀를 기울여야 해요. 우리는 지금 리허설의 마지막 부분에 대해 얘기하고 있는 거죠? 추가적으로 덧붙이자면, 돌을 건네는 놀이를 할 때처럼 현재라는 순간 못지않게 앞으로 다가올 미래의 움직임을 포착하는 게 중요해요. 음악이 추구하는 목표를 정의할 때 제가 자주 강조하는 것도 바로 이 부분이에요. 미래를 현재만큼이나 확실하게 느끼려면 플로를 구체화하는 작업이 반드시 필요해요."

"그래서 바이올린 연주자들에게 멜로디의 전체 과정을 얘기하듯 연주하라고 주문한 거였군요."

"네, 맞아요. 모든 음색 하나하나에 집착하지 말라고 한 것은 부분보다는 전체의 어우러짐이 더 중요하다는 점을 알려주고 싶어서예요. 연주자가 자신이 내는 소리에만 신경 쓰다보면 전체 멜로디에 대한 생각을 잊을 수 있지요. 그렇게 되면 음악이 높은 경지에까지 오르지 못하고 답답한 소리를 이어가다가 내리막을 칠 수 있어요. 아무리 유명한 음악이라도 소리끼리의 연결 고리가 끊어지면 지루한 음악이 되고 말지요."

"그래서 어떻게 하셨나요?"

"음, 먼저 클라리넷 연주자에게 다른 두 악기와 아름다운 화음을 이루라고 주문해요. 플루트가 연주를 먼저 시작한 다음 클라리넷이 중간에 들어가고 마지막으로 오보에가 나옵니다. 저는 오보에 연주자에게 자신의 소리를 넘겨주듯 연주하라고 지시합니다. 이때 클라리넷이 자신의 파트에 너무 몰두한 나머지 다른 악기가 내는 소리에 귀를 기울이지 않는다면 어떤 일이 벌어질까요? 클라리넷이 소리를 내는 순간은 클라리넷 악기 하나만 봤을 때는 연주의 첫 시작이 맞아요. 하지만 너무 갑자기 소리를 내버리면 다른 악기와 단절된 소리를 낼 우려가 있어요. 그렇게 되면 클라리넷 소리가 플루트 소리의 강력한 힘을 이어받지 못해 플루트 소리의 여운이 바로 사라져버린답니다. 위로 솟구치던 높은 멜로디가 그만 날개를 접고 땅으로 곤두박질치는 상황이 발생하는 거죠. 마찬가지로 클라리넷이 마지막 음절을 종결 부분처럼 깔끔하게 끝내버리면 그 뒤를 잇는 오보에 소리가 클라리넷의 에너지를 이어받지 못해 다시 한번 단절된 소리가 나올 수밖에요."

"하지만 요즘엔……."

지휘자가 다시 말을 이었다.

"전문적인 플루트, 오보에, 클라리넷 연주자들이 가깝게 앉아 연주하다보니 이런 일은 거의 일어나지 않아요. 하지만 멀리 떨어져 있는 파트의 경우 상대편의 소리를 놓치는 경우가 심심찮게 일어나지요."

지휘자의 말에 나는 불현듯 뭔가를 깨달은 것 같았다. 즉 지휘자가 내뱉은 단편적인 말을 모아 하나의 결론을 도출할 수 있었다. 클라리넷 연주자가 오보에와 이어지는 소리에 신경을 쓰지 않는다면 회사의 구매팀과 회계팀 지출 파트가 마땅히 있어야 할 연결 고리를 서로 놓치고 있는 것은 아닐까? 여러 악기가 멜로디를 공유하기 위해 협조적으로 나와야 하는 것처럼 두 부서의 직원들도 공통된 목표를 마음에 두고 일을 해야 했다. 마치 하나의 선율이 한 파트에서 무대 건너편에 있는 다른 파트로 자연스럽게 전달되는 것처럼 말이다. 회사에서 문제가 끊임없이 발생하고 실수를 연발하는 곳이 있다면 십중팔구 직원들의 협조에 단절이 생긴 곳이다. 돌 건네기 놀이에서 잔뜩 쌓인 돌멩이처럼 말이다. 그런 곳에서는 결과적으로 더 많은 문제를 야기한다.

자전거를 타게 내버려두세요

우리가 아무리 문제점을 찾아내 해결책을 구하고 망가진 부분을 고친다 해도 문제가 발생한 후 일어난 결과를 수습한 것이지 아직 근본적인 원인을 파악했다고 말할 수는 없다. 회사에서의 고충은 부서 내 직원들이 자신의 파트너가 누구인지 분명하게 알지 못하는 데 있다. 또 직원들이 다른 그룹에게 정보를 전달한 후 그 정보가 어떤 파장을 일으킬지 예상하지 못하는 탓도 있다.

지휘자의 생각에 흥미를 느낀 나는 이제는 단순한 호기심의 차원을 뛰어넘는 질문까지 하기 시작했다.

"지휘자는 어떻게 이 모든 걸 감당하나요?"

"글쎄요. 지휘자라면 먼저 플로의 실체에 대해 잘 파악해야 해요. 흔히 리더들은 플로의 진정한 힘을 깨닫지 못하는 경우가 많거든요."

몇 분 전만 해도 나 역시 플로의 중요성을 얕보고 있었다.

"당신이 개인 한 사람에게 25가지의 세부 사항을 수정해주는 것보다 단원들이 스스로 플로를 느끼도록 하는 게 연주의 완성도에 기여하는 부분이 더 크답니다."

이 대답이 결정적이었다.

지휘자의 얘기는 내가 그동안 문제를 해결하기 위해 사용한 접근 방식에 커다란 혁명을 몰고 왔다. 나는 지금까지 퍼즐의 작은 조각들을 하나씩 잇는 것처럼 문제를 해결하려고만 했다. 하지만 그는 달랐다.

"그게 어떻게 가능하죠?"

"충분히 가능해요. 때로는 연속적인 작업을 세부적인 파트로 잘게 쪼개는 게 유용할 때도 있어요. 그러고 나서 낱장을 개별적으로 모으는 거죠. 하지만……"

지휘자가 다음 말에 힘을 주었다.

"그 방법은 개인이 혼자 자전거 타는 법을 터득하는 데는 전혀 도움이 되지 않아요."

지휘자는 내가 지닌 편견을 확실히 깰 수 있도록 이번에는 자전거 타기에 빗댄 얘기를 과감하게 들려줄 작정이었다.

"아이들이 두 바퀴 자전거를 처음 탈 때만 해도 바로 설 수조차 없을 거라 생각해요. 그러다가 몸을 안정적으로 지탱할 힘이 붙으면 언제 그랬냐는 듯이 빠른 속도로 질주하지요. 자전거를 타고 앞으로 나아가는 힘은 음악에서 말하는 플로의 힘과 비슷해요. 플로가 충분히 생기면 눈에 보이지는 않지만 강한 에너지가 무대 전체에 퍼져나가니까요. 그러면 청중석에 앉은 사람들도 그 힘을 느낄 수 있지요. 이 에너지는 거의 모든 것이 제자리를 잡도록 해주는 힘을 말해요.

이 힘 때문에 연주자들이 별 어려움 없이 실수를 피할 수 있지요. 그리고 지휘자가 연주를 중단한 다음 문제를 지적하고 개별적으로 실수를 고치는 것보다 플로만 안정적이면 연주자들이 빠른 시간 내에 더 효과적으로 부족한 점을 수정한답니다.”

“좋아요. 왜 자전거 얘기를 꺼내셨는지 알겠어요. 하지만 그러한 힘이 한 사람도 아니고 여러 사람에게 동시에 작용한다는 게 이해가 잘 안 가요. 어떻게 가능한 거죠?”

“아까 말했던 돌 건네기 놀이를 떠올려봐요. 플로에 따라 움직이면 모두가 전류에 감전된 것처럼 짜릿한 흥분을 느끼며 더이상 자신의 일에만 신경을 쓸 수가 없어요. 개인은 자신이 해야 할 일을 전체의 움직임에 맞추어야 하니까요. 사람들이 점차 전체를 느끼기 시작하면 플로가 한층 더 공동체 의식을 고취하는 것이죠.”

“그럼 오늘 있었던 리허설도 같은 방식으로 진행되었겠네요.”

나는 머릿속으로 리허설 장면을 그려보았다.

"우리가 지난번에 나누었던 얘기처럼 사람들은 자신이 하는 일이 어떤 방향으로 가고 있는지 분명한 목표를 알고 싶어해요. 그래서 오늘 리허설 때 제가 소절마다 어떤 목표를 달성해야 하는지 연주자들에게 끊임없이 일깨운 거예요. 그렇지 않으면 단원들은 눈앞에 놓인 악보만 뚫어져라 보며 연주할 게 뻔해요. 사람들이 더 많은 부분을 자각할 수 있도록 옆에서 전력으로 도와주는 게 진정한 리더라고 할 수 있죠."

지휘자의 설명을 듣고 보니 문득 회사에 있는 구매팀 직원들이 떠올랐다. 이들은 정확성과 신속성, 부서가 정해놓은 규칙을 따르기 위한 양식 작성에만 혈안이 되어 있었다. 그런 까닭에 부서 밖에서 어떤 일이 벌어지고 있는지는 잘 알지 못했다. 구매팀 직원들의 일 처리 행태가 납품업체에 대한 대금 지불을 지연시키고 회사 경영에 지장을 줘 기업 경쟁력마저 떨어뜨리고 있다는 사실을 모르는 게 분명했다. 구매팀 직원들은 물품 조달을 책임진다는 본연의 역할에만 신경 쓸 뿐 회사의 전반적인 운영에 어떤 걸림돌로 작용할지는 도통 관심이 없었다.

구매팀에서 자신이 일하는 방식이 회사와 제품 공급업체 사이의 관계를 악화시킨다는 사실을 깨닫는다면 분명 회계 파트와의 실랑이는 더이상 일어나지 않을 것이다.

회사가 제대로 운영되지 않은 진짜 이유가 나의 리더십 부재라는 사실을 깨닫는 순간, 나는 그만 눈이 휘둥그레졌다. 회사 운영의 전반적인 흐름을 살피는 것이 내 책무란 사실을 지금까지 간과하고 있었던 것이다.

나는 항상 문제가 터지고 난 후에야 수습하느라 정신이 없었다. 실적을 올리기 위한 효과적인 방안을 찾기 전에 리더로서 직원들에게 적극적으로 다가갔어야 했다. 그렇게 해서 구매팀과 회계팀 사이에 일어난 충돌을 예방하는 조치를 취했어야 했는데, 그러지 못했다. 직원들 중 누구하나는 나서서 파국을 막아야 했지만 회사 구조의 특성상 그럴 수도 없었다. 그랬다가는 월권한다는 동료들의 비난을 피할 수 없기 때문이다. 아직까지 회사라는 조직은 직원이 리더 역할을 할 수 없는 곳이다. 즉, 회사의 리더만이 전체 조직의 흐름을 장악할 수 있는 영향력이 있는 것이다.

마에스트로와 작별의 악수를 나눈 뒤 헤어졌다.

집으로 돌아오는 내내 많은 생각이 머릿속을 맴돌았다. 연주 소리가 무대 곳곳에서 소용돌이치는 것 같았는데 그때의 기억이 아직도 생생했다. 많은 연주자가 한결같은 소리를 내기 위해 협력하던 모습이 떠올랐다. 연주 소리가 내는 떨림vibration은 오케스트라 안팎을 감도는 정보 전달의 통로 역할을 했다.

그 순간 내가 다니는 회사가 갑자기 거대한 오케스트라처럼 보였다. 하지만 우리가 일을 해서 나오는 결과물은 '소리'가 아니었다. 우리가 동료와 즉각적으로 공유해야 하는 수단은 바로 '정보와 물자'였다. 나와 직원들이 속해 있는 '오케스트라'에 플로를 제대로 형성하려면 먼저 나를 중심으로 돌아갔던 운영 방식에서 탈피해야만 했다. 우리에게 닥친 문제를 해결하기 위해 적절한 플로를 이용해야 하는 것이다. 그러면 직원들이 각자 안고 있는 문제를 해결하고, 더 나아가 회사의 경영 실적을 향상시키기 위해 최선을 다하지 않을까?

지휘자가 들려준 방식 중에는 솔직히 아직도 의문이 풀리지 않은 부분이 꽤 많이 남아 있다. 하지만 한 가지 분명한 건 그와 만나면서부터 내 문제를 해결할 만한 방법이 하나둘 생겨나기 시작했다는 점이다. 당장 내가 해야 할 일은 목록으로 작성하는 게 우선이었다. 집으로 돌아가는 동안 나는 다음 날 회계팀 지출 파트와 재무팀 책임자에게 들려줄 얘기를 미리부터 생각했다.

어느 시점에서 연주를 시작할 것인지, 그리고 어디서부터 연주가 흘러가도록 내버려둘 것인지를 항상 곰곰이 생각해야 한다. ─ 크리스티안 틸레만

더이상 손을
쓸 수 없을 때

제조팀 책임자인 마이크보다 회사에 더 큰 공헌을 한 관리자가 없다는 것은 회사 직원이라면 누구나 다 아는 사실이다. 마이크는 제조 설비와 관련된 공정을 훤히 꿰고 있는 전문가로 지난 수년에 걸쳐 회사가 선보인 제품의 원가를 절감하고 제조과정을 단축하기 위한 여러 가지 획기적인 방식을 개발해왔다. 그러던 그가 지금은 회사가 어려운 마당에 이렇다 할 성과를 보여주지 못하고 있었다. 마이크는 지난날 힘들게 성공시킨 능률검사 시스템에 너무 안주하는 게 아닌가 싶었다.

부서 책임자들이 모여 여러 차례 회의를 열었지만 그때마다 서로 언성만 높였다. 그중 목소리가 제일 큰 사람은 영업팀 책임자인 릭이었다.

"마이크, 올해가 다 가기 전에 신상품을 내놓아야 해요. 그런데 당신이 오래전에 제시한 능률검사 계획만 고집하는 건 말도 안 되는 소리예요."

지난주 화요일에 있었던 회의에서 릭이 마이크에게 큰 소리로 한 말이었다.

영업팀에서는 고객과의 만남이 얼마 남지 않았다는 걸 절실하게 느끼고 있다. 그래서 요즘 고객에게 약속한 신상품과 서비스를 제공해야 한다는 압박감에 시달리고 있다. 일 년 중 가장 바쁜 나날을 보내고 있는 요즘 영업팀에서는 지금 당장 신상품을 선보여야 한다는 경고음을 매일 듣는 기분이었다. 영업팀 직원들은 벌써 자료 조사와 개발 작업에 들어갔으며 유통망도 미리 구축해둔 상태다. 이제 고객의 달라진 입맛에 맞는 완벽한 제품만 선보이면 됐다.

그런데 마이크가 시간을 지체하고 있으니 제조팀이 영업팀의 발목을 잡는 거나 마찬가지였다. 하지만 가만히 보고만 있을 릭이 아니었다. 설상가상으로 경쟁사마저 비슷한 제품을 개발 중이라는 소문이 돌자 릭은 발을 동동 굴렀다. 회사에서 신제품을 빠른 시일 내에 선보여야 하지만 마이크는 생각이 달랐다. 신제품이 성공하려면 기계 설비부터 재정비해야 하는데 시간에 쫓기다보면 지금까지 힘들게 이룩한 제조팀의 능률검사 계획이 수포로 돌아갈 위험이 있기 때문이었다. 마이크는 끝까지 자신의 입장을 고수했다.

"영업팀이 정한 마감일을 지키려고 제품의 품질을 떨어뜨리는 타협은 절대 하지 않을 겁니다."

마이크가 강력하게 되받았다.

반복되는 헛수고

회의가 끝나고 방으로 돌아온 나는 이날 아침에 있었던 형편없는 회의 내용을 곱씹어보았다. 전과 조금도 다름없이 말다툼으로 끝난 회의를 또 하게 되다니 좌절감이 엄습해왔다. 또 회의의 질을 개선하고자 했던 그간의 노력이 모두 헛수고가 된 것 같아 씁쓸했다. 어째서 회사 직원들은 당장 눈앞에 보이는 이익만 생각하는 걸까? 각 부서들은 하나도 예외 없이 회사 전체의 수익을 올리기 위한 막중한 책임을 지고 있다. 하지만 직원들은 다른 부서의 말을 믿으려들지 않는다. 서로 상반되는 입장만 고집하며 상대를 잡아먹을 것처럼 무섭게 몰아붙일 뿐이다. 직원들은 '너의 이익은 나의 손해라는 생각', 즉 제로섬zero-sum 전략으로 막다른 길목에 갇혀 있다. 특정 부서가 원하는 대로 일이 진행되면 마치 다른 부서는 그만큼 손해라도 입는 것처럼 여기고 있는 게 큰 문제였다.

팀에 문제가 생겼을 때 구성원들이 자신의 문제만큼이나 팀 전체의 문제를 볼 수 있다면 모든 이의 근심을 덜어줄 만한 돌파구를 찾을 수 있지 않을까? 나는 그럴 수 있다고 굳게 믿는다. 하지만 어떻게 해야 그런 일이 현실로 이뤄지는 걸까? 그리고 리더인 나는 어떻게 행동해야 마땅할까?

바로 그때, 컴퓨터에 예약해둔 알람 소리가 울렸다. 오늘은 리허설이 시작되기 15분 전에 지휘자를 만나기로 약속돼 있었다. 나는 잽싸게 노트북을 끄고 코트를 손에 쥔 채 자동차가 있는 곳으로 뛰어갔다.

자리를 옮겨가며
음악 듣기

마에스트로가 있는 분장실 문 앞에 막 도착하자 지휘자가 반갑게 맞아주었다.

"오늘은 리허설 때 의자 위치를 바꿔가며 앉아보세요."

지휘자가 내게 말했다.

"자리를 옮겨 다니라고요?"

지금까지 한 곳에만 앉았던 나는 선뜻 자리를 옮기라는 제안이 달갑지만은 않았다.

"그럼 언제 자리를 바꾸면 되나요?"

"오케스트라가 조용할 때 얼른 자리를 옮기세요. 하지만 다른 사람에게 방해가 되지 않도록 조심하세요. 의자에 앉은 다음 그곳에선 음악이 어떻게 다른지 집중해서 들어보세요."

"왜 이런 제안을 하시는 거죠?"

"장소를 바꿔 앉을 때마다 소리가 다르게 들린다는 걸 직접 확인하면 좋을 것 같아서요. 음악을 하는 사람들은 귀로 음악을 본다는 말을 곧잘 해요. 말 그대로 보는 관점이 달라졌으니 아마 소리도 다르게 들릴 거예요. 당신에게 좋은 경험이 될 겁니다."

"귀로 음악을 본다는 게 대체 무슨 뜻이죠?"

"우리가 일상생활을 영위하면서 얼마나 자주 눈을 사용하는지 생각해 봐요. 주변에 펼쳐진 세상을 발견할 때, 공간을 인식할 때, 사건을 알게 되거나 행동을 옮기기 전 판단을 할 때 눈을 쓰지요. 하지만 음악을 들을 때는 오로지 귀로 이 모든 걸 파악할 수 있어요. 지금 내가 한 말을 잘 새겨들으면 조금 있다가 그 의미를 금방 이해할 수 있을 거예요."

나는 질문을 더 하고 싶었지만 지휘자는 그럴 틈을 주지 않았다. 바로 자리에서 일어나더니 친절하게도 나를 무대 위로 안내하겠다는 몸짓을 했다. 무대 위에서 오보에 연주자가 가(A)장조를 연주하는 소리가 또렷이 들려왔다. 악기 조율을 마치고 리허설이 벌써 시작되었다는 신호였다.

나는 지휘자를 따라 분장실을 나왔다. 지휘자는 지휘대를 향해 걸어갔고 나는 오케스트라 뒤편에 자리를 잡았다. 이번에는 프렌치 French 호른 연주자 뒤에 앉기로 했다.

듣는 일에도 관점이 있다

리허설은 한 치의 주저함도 없이 바로 시작되었다. 나는 마에스트로의 말이 옳았다는 걸 단번에 알 수 있었다. 나는 귀로 음악을 보았지 눈으로 음악을 본 게 아니었다. 전에는 비올라 파트와 가까운 자리에 앉았기 때문에 비올라 소리를 듣는 것에 익숙했는데 새로운 자리로 옮기자 낯선 소리가 들려와 혼란스러웠다. 현악기 파트는 어디에 있는 거지? 이제는 현악기 소리마저 희미하고 약하게 느껴졌다. 그렇게 몇 분이 흐르자 나는 새 자리에서 들리는 새로운 소리에 점점 익숙해지기 시작했다. 그러곤 이내 방 안에 다양한 소리가 존재한다는 사실을 새삼 깨달았다.

게다가 호른 소리가 이전에 들었던 소리와 사뭇 달라 깜짝 놀랐다. 호른 연주자들은 처음에는 한 음표만 반복적으로 불었다. 일정한 리듬을 유지하며 오로지 한 음만 냈다. 호른 연주자는 모두 네 명이지만 처음에는 두 명만 악기를 불었다. 나는 속으로 이상하게 생각했다. 그러다가 호른 소리가 멈추더니 한동안 악기 소리가 나지 않자 나는 살짝 불안했다. 이윽고 네 명의 연주자가 일제히 악기를 입술에 대고 같은 음을 냈다. 크레셴도 crescendo 점점 세게 로 불기 시작하자 나는 호른 소리 외에는 다른 악기 소리를 전혀 들을 수 없었다. 트럼펫과 드럼 소리도 호른 소리 옆에서는 겨우 들릴 정도였다.

지휘자가 단원들의 연주를 멈추게 하자 나는 슬그머니 호른 파트에서 나와 오케스트라를 빙 돌아 더블베이스가 있는 곳으로 자리를 옮겼다. 더블베이스 연주자들은 악기가 너무 커서 자리에 앉지도 못한 채 발판에 발을 대고 서 있었다. 나도 그들과 함께 서 있기로 했다. 아직 연주가 재개되기 전이었지만 벌써부터 새로운 세상을 경험하는 느낌이었다.

오케스트라가 다시 연주를 시작하자 더블베이스 연주자들이 활을 내려놓고 손으로 줄을 퉁기기 시작했다. 이제껏 들었던 것과는 다른 낯선 소리에 나는 깜짝 놀랐다. 이곳에서는 호른 연주자 한 명이 멜로디를 연주하는 것처럼 보였다. 하지만 솔직히 말해서 호른 소리는 거의 들리지 않았다.

내 앞에 있는 첼로 연주자들이 같은 곡조tune를 동시에 연주하는 바람에 호른 소리가 그만 묻혀버렸기 때문이다.

베이스 연주자들을 가만히 보니 이번 소절이 썩 마음에 들지 않는 듯한 모양이었다. 갑자기 어색한 음이 튀어나오자 나는 단번에 소리가 잘못되었다는 것을 감지했다. 그 순간, 지휘자가 우리를 향해 눈짓을 했다. 다양한 악기 소리가 방 안을 가득 메우고 있는데도 지휘자는 틀린 음을 바로 알아챈 것이다. 그의 예리한 청력에 놀라지 않을 수 없었다.

중간 휴식 시간이 되자, 지휘자는 나를 한쪽으로 데려가더니 다음에는 제1바이올린 근처에 앉으라고 권유했다. 그런 다음 지휘대에서 3미터는 족히 떨어진 곳에 새 의자를 갖다놓았다. 무대 가장자리에 의자를 둔 지휘자는 리허설이 끝나기 전에 마지막으로 그곳에 앉으라고 일러주었다.

휴식 시간이 끝나자 단원들이 음악작품의 두번째 악장을 연주했다. 옆에 앉은 바이올린 연주자가 보여주는 날렵한 활솜씨에 눈을 뗄 수가 없었다. 같은 자리를 반복적으로 켜는 것 같은데도 섬세하면서도 음색이 정확했다. 그렇게 연주하려면 배우는 데 힘이 많이 들었을 거라고 생각했다. 하지만 연주자의 오른손을 힐끔 쳐다보니 손놀림이 매우 편해 보였다. 게다가 아홉 명의 다른 연주자들도 똑같은 동작을 하고 있었다. 절묘한 타이밍이었다! 케이크를 사람 수에 따라 나누어야 하는 제로섬 원칙과는 차원이 달랐다.

현악기 파트가 연주를 잠시 멈추었을 때 바이올린 연주자들은 베이스나 호른 연주자들처럼 자기 파트 동료와 얘기를 나누지 않았다. 처음엔 바이올린 연주자들이 그다지 사교적이지 못한 때문일 거라고 생각했다. 그런데 이번에 연주를 들어보니 왜 연주를 하지 않는 동안에도 음악에 집중하는지 이해할 수 있었다. 한 명이라도 늦게 시작하면 연주에 혼선이 빚어지고 바이올린 파트 전원이 그 실수를 금방 알아채기 때문이었다.

마지막으로 지휘대 뒤로 자리를 옮겼다. 지휘자가 마지막으로 이곳에 앉으라고 한 이유를 이제야 알 것 같았다. 내가 그동안 앉았던 자리가 전부 한눈에 보였는데 그때마다 들었던 소리에 대해서 다시 한번 생각할 기회가 되었다. 이곳에서 듣는 연주는 다양한 악기 소리의 총집합 그 이상의 무언가가 있었다.

각 파트별 소리, 각 연주자들의 소리가 하나도 빠짐없이 다 들리는 것 같았기 때문이다. 오케스트라가 살아 숨 쉬는 듯한 전체적인 소리의 조화가 생생하게 들려왔다.

모든 소리 동시에 듣기

나는 오케스트라가 논리적인 방식으로 역동적이면서도 수시로 변화하는 소리의 이미지를 재현한다고 생각했다. 그래서 모든 파트가 조화로운 화음을 이루면 청중은 그 속에서 정수를 듣는 것으로 믿었다. 하지만 오늘 자리를 옮기며 음악을 들어본 결과 두드러진 소리와 중간 소리, 바탕이 되는 소리가 하나로 모아지는 듯한 인상을 받았다. 마치 이차원 평면 사진이 순식간에 눈앞에서 삼차원 입체 사진인 홀로그램으로 바뀌는 것 같았다. 나는 마법에 홀린 사람처럼 의자에 앉아 시시각각 변하는 소리의 이미지를 두 귀로 보았다.

리허설이 끝나자 지휘자가 물었다.

"자리를 옮겨서 들어보니 뭔가 새로운 점이 보이던가요?"

"그럼요!"

나는 탄성을 지르며 대답했다.

"사소한 차이가 아니었어요. 어디에 앉는가에 따라 연주 소리가 얼마나 달랐는데요."

"파트마다 역할이 다른데 어떤 차이가 있는지 말할 수 있겠어요?"

"음, 우선 더블베이스와 케틀드럼 파트는 오케스트라를 뒤에서 받쳐주는 역할을 하는 것 같아요. 어떤 때는 한참 동안 반주 없이 가만히 있을 때도 있더군요. 하지만 한번 연주를 하면 소리가 얼마나 크던지 다른 소리가 전혀 안 들릴 정도로 강력했어요."

"그래요. 더 얘기해봐요."

지휘자가 말을 이었다.

"더블베이스는 어땠나요?"

"더블베이스 파트 옆에 서 있을 때는 악기 소리가 특별하게 느껴지지 않았어요. 그런데 신기하게도 오케스트라 연주를 전체적으로 들을 수 있는 곳에 가자 더블베이스 소리가 얼마나 중요한지 바로 알겠더라고요."

"맞아요. 각 파트가 음악을 완성하는 데 얼마나 중요한 역할을 하는지 보셨죠. 하지만 각자 맡은 역할이 다른 데다 소리의 성격도 천차만별이에요. 그러다보니 파트마다 느끼는 책임감에도 조금씩 차이가 납니다. 연주자들은 각자 자신이 앉은 자리에서 연주 경험을 쌓고 그 경험을 바탕으로 자신의 역할을 확인합니다."

"물론 그렇겠죠."

"마지막으로 지휘대 뒤에서 오케스트라를 볼 때도 같은 느낌이었나요?"

지휘자는 대답을 재촉했다.

"네, 완전히 다르더군요. 모든 소리를 동시에 들었으니까요. 아니, 아니에요!"

나는 제스처를 취하면서 대답했다.

"모든 소리를 다 들었다고 말하는 것으로는 충분하지 않아요. 저는 모든 소리를 적절한 비율에 따라 골고루 들었어요. 완벽한 조화를 이룬 소리가 마치 하나의 의미를 상징하는 것만 같았어요. 다양한 소리가 골고루 섞이면서 아름다운 화음을 이루었지요."

"혹시 소리마다 어떤 의미를 전달하려는지 알아내셨나요?"

지휘자는 흥미 어린 표정으로 대답을 기대하는 듯했다.

지휘대 뒤에서 들은 소리는 도저히 거부할 수 없는 자석과도 같은 힘이 느껴졌다. 음악을 듣는 동안 내 몸은 요란스런 소리를 울려대는 종처럼 진동했다. 소리가 사라진 지금도 몸은 여전히 그때 느꼈던 짜릿한 전율을 기억하고 있었다. 나는 이 기분을 어떻게 설명해야 할지 몰라 가만히 있었다.

"자, 저를 따라오세요."

지휘자가 분장실 밖으로 나가더니 의자와 악보 스탠드만 남은 무대로 나를 이끌었다. 의자와 악보 스탠드는 리허설 때 있던 그대로 남아 있었

다. 반원형의 계단식 극장처럼 생긴 무대에 선 나는 방금 전 단원들이 있
던 오케스트라 배치를 연상할 수 있었다. 이번에는 지휘자가 나를 지휘
대 위로 데려갔다.

지휘자는 모든 하모니와 음의 흐름을 정확하게 파악해야 하고, 그다음 템포와 음향, 음악의 흐름을 조직해내야 합니다. 이것을 마음에 새기고 있다면 자연스러운 음악을 만들어내는 데 그리 큰 어려움은 없을 겁니다. 사이먼 래틀은 이 원칙에 깊게 매료됐죠. - 케이위

지휘대에서 본
오케스트라

나는 지휘자가 서는 지휘대에는 여태껏 한 번도 올라서본 적이 없
었다. 계단 하나 차이인데도 시야가 완전히 달라졌다. 언덕 위에 올라가
풍경을 내려다보는 것처럼 눈앞에 무대가 펼쳐져 있었다. 파트별 의자들
이 가지런히 배치된 모습이 눈에 들어왔다. 리허설 때 옮겨 다녔던 의자
를 하나씩 찾아보았다. 그때 지휘자가 나를 바라보는 게 느껴졌다.

"바로 그거예요."

지휘자는 내가 무엇을 생각하는지 바로 알아차렸다는 듯 말했다.

"의자 위치마다 음악이 어떻게 달랐었는지 떠올리고 있었죠?"

나는 고개를 끄덕였다. 오케스트라의 연주는 아직도 기억에 생생했다.

"그럼, 이곳에서 들으면 어떤 소리가 날지 상상할 수 있나요? 단순히 악기를 연주하는 데서 그치는 것이 아니라 모든 연주자가 당신을 향해 소리를 투사하고 있다는 느낌 말이에요. 어떤 소리일지 상상할 수 있겠어요? 무대 구조가 어떤지 보세요. 지휘대는 시각적으로나 청각적으로 중심축 역할을 하는 곳이랍니다. 아시겠어요?"

나는 다시 고개를 끄덕거렸다. 지휘대에서 무대를 바라보니 현악기 파트가 일직선으로 배치되면서도 배열 라인이 지휘대를 기준으로 둘로 나뉘는 것을 알 수 있었다.

"이곳에서 듣는 소리가 얼마나 깨끗하고 뛰어나며 불순물을 제거한 순수 결정체처럼 들리는지 아시겠죠? 연주자들 옆에 앉아 있을 때는 악기에서 나오는 소리를 가장 똑똑하게 들을 수 있죠. 왜냐하면 당신이 악기와 가까운 곳에 있었으니까요. 그리고 지휘대 뒤에 앉아서 연주를 들을 때는 지휘대보다 조금 낮은 곳에서 들었을 거예요. 하지만 이곳 지휘대에 올라오면 당신의 귀는 평소보다 1미터나 더 높은 곳에 있게 되지요. 그럼 연주자 개인의 소리를 구별하는 것뿐만 아니라 공중에서 일어나는 소리의 화음을 들을 수 있답니다."

"정말 굉장해요. 하지만 구별해야 할 소리가 너무 많겠는 걸요."

내 말에 지휘자가 대답했다.

"구별해야 할 소리가 많은 건 사실이에요. 그러니 지휘자들은 예리한 청력을 유지하기 위해 꾸준히 노력할 수밖에요. 그렇지만 연주자들도 지휘자 못지않게 연주를 하는 동안 자신이 내는 소리를 예민하게 듣는답니다. 들리는 소리에 따라 자신의 음악을 평가하는 것이죠. 당신이 저기 보이는 여러 의자에 앉은 지는 한 시간도 채 안 되었어요. 당신은 이 의자에서 저 의자로 옮겨 다니며 소리를 들었을 거예요. 장소에 따라 소리가 아주 다르게 들렸을 거구요. 당신 주변에 앉은 단원들의 악기 소리가 크게 들렸을 테니까요. 이제 자신이 앉은 위치에 따라 현실에서 들려오는 소리가 각각 다르다는 걸 이해하셨을 겁니다. 이렇듯 연주자들은 자신이 듣는 소리를 객관적인 사실로 판단하고 연주 방식을 선택하지요. 바로 여기에 중요한 핵심이 있어요. 연주자가 한자리에 오래 머물러 있다보면 단원들이 모두 자신이 듣는 소리를 똑같이 듣는다고 무의식적으로 생각해요. 즉 오케스트라가 자신과 똑같은 상황을 경험한다고 단정해버린답니다. 그리고……"

지휘자는 힘을 주며 말을 이어갔다.

"그런 연주자들은 자신이 듣지 못하는 소리가 엄연히 존재한다는 것을 미처 알지 못해요. 또 자신이 내는 소리를 들을 수 없는 사람이 있다는 것도 모르지요."

나는 지휘자의 말에 전적으로 공감하며 고개를 끄덕였다. 지휘대에 선 나는 무대를 보며 거대한 오케스트라를 그려보았다. 그러자 깜짝 놀랄 만한 새로운 그림이 눈앞에 그려졌다. 내가 회사에서 운영하는 일명 리더십팀은 각 분야의 전문가들로 구성되어 있었다. 내가 헤쳐 나가야 할 현실적인 문제에 대해 나는 팀원들이 모를 거라고는 한 번도 생각한 적이 없었다. 그러나 지휘대에 올라가자 생각이 완전히 달라졌다. 오히려 그들에게 고마운 마음마저 들었다. 오늘의 경험 덕분에 나는 회사에 대해 새로운 그림을 그려볼 수 있었다.

부서 책임자들은 회사에 일어난 여러 문제를 어느 정도 눈치 채고는 있었지만 여전히 그들에게는 추상적이면서도 남의 일처럼 거리가 있는 문제였다. 게다가 매일 해결해야 할 일을 처리하는 데 스트레스를 받는 터라 나처럼 큰 그림을 볼 여건이 안 되었다.

그러니 내가 계획한 부서 간 협동 작업이 담당자들에게는 절박할 리 없었다. 나는 일관성 있는 전략을 무기로 삼아 곳곳에 흩어져 있는 퍼즐 조각을 짜 맞추려고 애썼다. 그렇게 회사를 하나로 모으려고 했던 것이고, 그런 꿈을 꾸는 것은 어렵지 않다. 나는 직원들보다 한 단계 높은 이상적인 곳(지휘대)에 있었기 때문에 내가 그리는 계획이 현실로 이뤄질 것이라 믿었다. 모든 부서가 힘을 합쳐 일을 해내리라고 생각했지만 현실은 그렇지 않았다. 나는 내가 보고 있는 것들을 직원들 역시 보고 있다고 경솔하게 믿으며 살아왔던 것이다.

회의 때마다 언쟁이 끊이지 않았던 것도 이해가 되었다. 마이크는 제조팀 직원들의 근무 일정에 무리가 가지 않도록 자신의 부서를 방어한 것뿐이었다. 호른 연주자 근처에 앉았을 때는 호른 외에 다른 소리가 거의 들리지 않았던 것처럼 결국 직원들 역시 자신의 목소리밖에 들을 수 없었던 것이다.

지휘자와 연주자의 차이

"연주자들도 지휘자가 듣는 소리에 대해 알고 있나요?"

나는 지휘자에게 물었다.

"단원들이 연주를 하는 동안 지휘대에 올라설 수 없으니 아마 모를 겁니다. 그렇기 때문에 지휘대에서 들을 때와 의자에 앉아서 들을 때 둘 사이에 확연한 차이가 생기는 거예요. 지휘자와 연주자 사이에 오해도 거기서 비롯되구요. 지휘대에 있을 땐 너무나 확실한 것들이 의자에서 연주할 때는 거의 감지할 수 없으니까요. 지휘자가 그런 차이를 모르는 초보일 때는 연주자들이 자신의 말을 이해하지 못하거나 아예 무시한다는 생각에 좌절감에 빠지지요. 그럴 때 느끼는 실망감을 겉으로 다 표현할 필요는 없어요. 지휘자가 바라는 음악이 나올 때까지 연주자들과 음악에 대한 주인의식을 공유하는 게 더 중요하답니다."

회사 직원들에게서 실망했던 기억이 떠올라 나는 갑자기 얼굴이 붉어졌다.

"과연 그럴 수 있을까요?"

"당연하죠! 특별한 일이 아니에요. 진짜 있었던 예를 하나 들려줄게요. 사실은 제가 직접 겪은 일이에요."

지휘자는 더블베이스 파트로 걸어가 발판 하나를 가져오더니 나더러 그 위에 앉으라고 했다.

"음악 학교에 재학 중이었을 때예요."

지휘자가 말머리를 풀기 시작했다.

"지휘과 학생들이 오케스트라 협연에 대해 배울 때였어요. 나는 현악기에 대해 더 알고 싶어서 비올라 레슨을 받았죠. 하루는 같은 과 친구들이 지휘를 하는 동안 비올라 파트에 앉아 소리를 들었어요. 사실, 나도 그 자리에서 악기를 연주했지요. 하지만 내 주변에 있던 젊은 연주자들의 실력에 깜짝 놀랐답니다."

"학생들이지만 손놀림이 매우 유연한 데다 소리가 맑으면서도 성숙미가 느껴졌어요. 한 치의 오차 없이 연주를 해내는 모습에 저는 신선한 충격을 받았어요. 초보 연주자인 저로서는 마치 천재 음악가들에 둘러싸인 기분이었지요. 휴식 시간이 끝나고 이제는 제가 지휘를 할 차례가 되었어요. 이번에는 좀더 복잡한 20세기 곡을 하기로 했는데 오케스트라 단원들에겐 익숙지 않은 곡이었어요. 지휘대에 서는 만큼 책임감을 느낀 저는 철저히 악보를 공부해왔답니다. 연주를 하는데 글쎄 20분 전만 해도 제가 우상으로 여기던 비올라 연주자들이 음악에 재능이 없는 사람처럼 실수를 연발하지 뭐예요. 어찌나 실망했던지 적잖이 충격을 받았답니다. 하지만 지금 돌아보면 제 자신을 비웃어야 했는데 말이죠."

지난날 자신이 얼마나 순진하고 미숙했는지 회상하며 내 앞에 있는 마에스트로는 겸손한 미소를 잃지 않았다. 그가 열정적으로 쏟아낸 말들이 얼마나 나를 돌아보게 하는지 그는 아마 모를 것이다.

"그럼 지휘자와 단원들이 자리한 위치가 다른 탓에 끊임없이 오해가 생길 수밖에 없는데 그걸 어떻게 피할 수 있단 말입니까?"

나는 진지한 표정으로 그에게 정곡을 찌르는 질문을 건넸다.

"제 경험에 비추어보면 연주자들이 처한 상황을 있는 그대로 이해한다는 건 정말 힘든 일이에요. 하지만 지금 저는 그 상황을 극복하는 것이야말로 지휘자가 맡아야 할 매력적인 의무라고 생각합니다."

지휘자는 마치 내게 경고하는 듯했다.

"지휘자는 지휘대 위에 서는 사람이에요. 이 말은 곧 전체를 하나로 이끌 힘이 자신에게 주어졌다는 걸 의미하지요. 지휘자가 해야 할 일은 오케스트라를 성공으로 이끄는 거예요. 지휘자가 바라는 비전이 현실로 이뤄지려면 연주자들이 품은 비전도 함께 인정해야 해요."

"잠깐만요."

나는 그의 말을 불쑥 잘랐다.

"저는 지금까지 연주자들이 지휘대에 선 지휘자의 관점을 알아야 한다고 이해했는데 지금 정반대의 말씀을 하시는 거 아닌가요? 지휘자가 의자에 앉은 단원들의 관점을 이해해야 한다고요?"

"네, 그래요."

지휘자가 확신에 찬 목소리로 대답했다.

"쉽게 생각하면 지휘대에서 본 관점이 가장 탁월하다고 느낄 수 있어요. 이게 가장 포괄적이고 넓은 범위를 포용하니까요. 하지만 바로 여기에 함정이 있어요. 지휘대에서 본 관점만 옳다고 주장할 경우 오케스트라에 대한 긍지와 신뢰감을 한순간에 잃을 수 있으니까요."

"글쎄요, 이해가 잘 안 되네요."

나는 반론을 제기했다.

"가장 큰 그림을 그리는데 어째서 함정에 빠진다는 거죠?"

"지휘대에서 본 관점이 가장 원대한 비전일 수는 있어요."

지휘자가 계속해서 말했다.

"하지만 단원들이 느끼는 현실을 무시할 경우 문제가 생기죠. 지휘대에 올라선 지휘자는 오케스트라 단원들보다 유리한 지위에서 주변을 살펴볼 수 있어요. 하지만 의자에 앉아 연주를 하는 단원들은 당장 보고 느끼는 주변 환경이 가까운 현실이에요. 아이러니하게 들릴지 모르지만 단원들이 하나가 되어 연주하길 바란다면 지휘자는 단원들의 현실적인 조건을 모두 포용할 만한 연주 계획을 짜야 한답니다. 그래야 단원들이 협력하고 서로 신뢰할 수 있으니까요. 더 나아가 지휘대에 선 지휘자가 제시하는 독특한 비전에도 관심을 두게 될 거예요."

나는 제조팀의 마이크가 내 계획을 이해하지 못하고 완고하게 저항하는 데 좌절감을 느꼈다. 하지만 오늘 대화를 통해 그간의 실망 대신 마이크의 입장에 대해 적극적으로 관심을 두어야겠다고 생각했다. 또 영업팀

릭의 경우도 마찬가지였다. 혹시 내가 회사에서 보지 못하는 결정적인 부분이 또 있을까 곰곰이 생각했다. 만약 내가 각 부서에 골고루 신경을 쓴다면 부서 직원들이 타부서와 좀더 타협적으로 일해나갈 수도 있을 것이었다.

파트너 찾아주기

마에스트로에게 할 말이 더 남아 있는 듯했다.

"지휘대는 오케스트라의 성공을 위해 마련된 곳입니다. 오케스트라가 연주를 하는 동안 단원들이 원활하게 소통하고 협력하도록 지휘자가 도와주는 것이지요. 연주자들은 혼자서도 얼마든지 연주가 가능해요. 하지만 단원이 원하는 부분을 민감하게 느끼는 지휘자가 앞에서 도와주면 더 큰 효과를 발휘하게 되죠. 연주자들은 종종 누구와 파트너가 되어 합주를 하는 게 좋을지 잘 모를 때가 있어요. 비록 어떤 파트와 호흡을 맞춰야 하는지 잘 알고 있는 경우라도 상대방의 소리가 잘 안 들려 문제가 되기도 해요."

"연주자들이 어째서 자기와 호흡을 맞춰야 할 최상의 파트너를 모른다는 거죠?"

"리허설 때 의자 위치에 따라 소리가 다르게 들렸던 거 기억나시죠? 연주자들은 모두 실제로 귀에 들리는 소리를 바탕으로 리듬을 탄답니다. 다시 말해 주변에 있는 동료의 소리에 영향을 많이 받지요. 하지만 훌륭한 연주를 위해서 필요한 파트너가 항상 옆에 있는 건 아니에요. 때문에 지휘자인 제가 악보를 통해 적절한 파트너를 찾아주거나 아니면 지휘대 위에 올라가서 발견한 파트너를 알려준답니다. 이게 다는 아니지만요. 지금까지 참석한 리허설 때 보셨겠지만 제 지시에 따른 연주자들이 자신과 상당히 떨어진 악기 소리에 귀를 기울이는 데 완벽하게 성공한 사례가 여러 번 있었지요."

"지휘대에 올라와보니 또 새로운 점을 발견했어요. 호른 파트 뒤에 앉아 있을 때는 오케스트라 단원들의 뒤통수만 보였는데 여기 있으니까 단원들의 얼굴이 모두 한눈에 보이겠군요."

"네, 맞아요."

지휘자가 흥분한 듯 크게 소리쳤다.

"얼굴에 감정 표현이 그대로 묻어나죠. 게다가 지휘대 위에 서면 모든 걸 다 얻은 기분이 들어요."

앞에서는 얼굴이 모두 보이지만 나를 보고 있는 사람들은 서로의 얼굴을 볼 수가 없다. 나는 책임자급으로 이루어진 리더십팀 구성원들의 얼굴을 보며 그들을 전적으로 신뢰했지만 정작 그들은 서로를 신뢰하지 못했다. 내 위치에서는 각 부서가 전체를 위해 어떤 역할을 해야 할지 훤히 보였지만 직원들이 앉은 위치에서는 보일 리가 없었다. 게다가 주변 동료에게 받은 도움마저도 인식하지 못하는 상황이었다. 다른 부서에서 일어나는 눈에 보이지 않는 활동이 혹시나 자기 부서에 손해를 끼치지는 않을까 노심초사할 직원들이 눈에 선했다.

　나는 무대 주변을 다시 꼼꼼히 살펴보았다. 내가 선 지휘대에서 알 수 있는 모든 정보가 다른 사람과 공유 가능한지 알고 싶었다. 의자를 하나씩 차례대로 훑어보며 그 자리에 앉았던 단원들의 연주 소리를 상상해보았다. 그런데 갑자기 전광화석처럼 뇌리를 스쳐 지나가는 생각이 있었다. 오케스트라를 지휘하면서 일어나는 문제들 중에는 단원들에게서 답을 찾을 수 있는 것들이 있다. 하지만 어떤 문제는 지휘대에 선 지휘자의 관점이 절대적으로 필요한 경우도 있었다.

　마이크가 관리하는 제조 공장에서 기계 하나가 고장이 났다고 가정해보자. 그 상황에서 우리에게 필요한 인물은 제품 구매자(바이어)나 계획자(플래너), 고객 서비스 담당자가 결코 아니다. 기계 내부에 기술적인 문제가 발생한다면 우리가 불러야 할 사람은 내부에서 기술을 다룰 줄 아는 전문가다.

　반면 직원들의 협력과 관련된 문제, 특히 마이크와 릭이 앙숙이 된 근본적인 원인은 바로 회사의 구조적인 문제에 있었다. 이 문제를 지휘대 위에 올라가서 생각하니 훨씬 이해하기 쉬웠다. 나는 회사 직원을 이끄는 리더이다. 회사의 구조적인 문제를 해결하지 못해 일어나는 직원들 간의 분쟁을 손 놓고 구경만 할 수 있는 입장이 아니다. 직원들은 내가 분쟁에 개입해 갈등을 해결해주길 원한다. 지휘자가 지휘대와 의자 사이의 간격을 메우는 것처럼 나도 그런 다리 역할을 해야 할 때가 온 것이다.

"글쎄요."

지휘자는 더블베이스 발판을 건네달라는 손짓을 하며 말했다.

"제 생각에 아직은 좀 이른 것 같군요. 당신은 오늘 처음으로 지휘대가 어떤 곳인지 알게 되었어요. 이 자리에 대해 익숙해지려면 좀더 시간이 필요해요."

지휘자는 발판을 제자리에 놓은 다음 나를 문 밖으로 안내했다. 그러더니 갑자기 걸음을 멈추며 나를 향해 소리쳤다.

"저런, 깜박 잊을 뻔했군요! 음악 학교에서 교사로 일하는 동창이 있는데 시외로 나를 부르더니 지휘 수업을 맡아줄 수 있는지 묻더군요. 당신이라면 이 수업에 관심이 많을 것 같아서 미리 말해주고 싶었어요."

지휘자는 이미 음악가가 아니다. 지휘자는 오케스트라에서 질서를 만들어내는 사람이다. 악기들을 함께 연주하게 하고 어느 누가 지나치게 큰 소리를 내지 않도록 조절하고 음악적인 기능과 효과를 만들어내는 것이 음악은 아니다. 그것은 음악이 만들어질 수 있는 전제 조건일 뿐이다. ─세르지우 첼리비다케

억지스러운
격려

부서 책임자들과의 회의가 벌써 코앞에 닥쳤다. 두 달간 영업 실적
이 부진을 면치 못한 데다 회사의 주가가 계속 내리막을 치는 가운데 열
린 회의라 그 어느 때보다도 중요한 자리였다. 책임자들은 내가 리더로
서 조직의 안전을 보장해주기를 기대하고 있었다. 나는 총대를 메고 열
심히 노력하고 있다는 걸 몸소 보여주며 책임자들의 신뢰를 얻고 싶었
다. 지휘대에 올라가 있을 때, 비로소 다른 연주자(직원)들보다 전략적인
문제를 더 정확하게 파악할 수 있다는 걸 배운 나는 색다른 회의 일정을
준비했다. 그리고 이번에는 말다툼을 일으킬 만한 불씨가 생기지 않도록

회의 진행에 각별히 주의하기로 마음먹었다.

부서 책임자들이 모두 회의실로 들어와 탁자 주변에 둘러앉았다. 나는 우리 회사의 주요 문제점을 하나하나 지적했다. 어떤 실수가 회사에 무슨 악영향을 끼치는지 설명하는 것도 잊지 않았다. 대부분 내 의도를 제대로 파악했지만 그중에는 지엽적인 문제를 거론하는 책임자도 있었다.

"우리에게는 해결해야 할 문제가 산더미처럼 쌓여 있어요. 그러니 내가 요구한 대로 가장 중요한 과제부터 따져봅시다. 오늘은 회사에 일어난 문제 중 가장 핵심적인 것들만 논의합시다."

나는 얘기가 쓸데없는 방향으로 새지 않도록 조심스럽게 회의를 주도했다.

사전 준비를 철저하게 한 터라 책임자들 입에서 나올 만한 질문에 대해서는 자신이 있었다.

"유통업체마다 팔리는 수량이 달라 다소 불만이에요."

존의 솔직한 생각을 듣자마자 나는 이미 생각해놓은 해결책을 얘기했다.

"존의 말이 맞아요. 나도 이참에 유통업체를 한두 군데 더 늘려야겠다고 생각하고 있어요. 존의 의견에 전적으로 동의합니다."

그러고 나서 나는 앞으로의 계획과 각 부서 책임자에게 필요한 역할을 일일이 설명한 뒤 회의를 마쳤다.

회의 내용의 요지를 모두 기록한 뒤 나는 실내를 빙 둘러보았다. 책임자들이 반응을 해주면 좋으련만 방 안에는 침묵만이 가득했다. 누구 하나 나서서 회사를 다시 최고로 만들자는 구호를 말하거나 열정을 드러내지도 않았다. 할 수 없다. 내가 자청해서 직원들을 격려하는 수밖에.

아직도 귀는 열리지 않고

"여러분 힘내세요! 지금 우리는 1년 중에 이제 2분기를 보냈을 뿐이에요."

내가 목소리를 높여 말했다.

"우리에겐 훌륭한 제품이 있고 앞으로 멋진 신상품을 소개할 예정인데 뭐가 걱정이에요? 앞으로 더 잘할 수 있을 겁니다. 안 그래요?"

나는 대답을 기다리기도 전에 다시 입을 열었다.

"회사의 주가가 경쟁사보다 더 떨어졌어요. 이대로 앉아 있을 순 없어요. 그러니 여러분이 회사를 살리기 위해 더욱 힘써야 합니다. 대리점들에게 압력도 더 넣고 말이에요. 그렇게 했는데도 유통업체에서 손 놓고 있으면 다른 파트너를 찾으면 돼요!"

한 시간이 훌쩍 지났다. 나는 회의에 참석한 전원에게 고마움을 표시했다. 그러나 직원들은 쓸데없는 잡담을 주고받으며 줄지어 방을 나갔다. 이번 회의가 책임자들에게 유쾌했을 것으로 생각하지는 않는다. 달갑지 않은 소식을 들었는데 기분이 좋을 리가 있겠는가. 하지만 나는 마땅히 해야 할 일을 했을 뿐이다. 문제가 모두 드러났으니 이제 보수를 받고 회사를 다닐 만한 자격이 있는지 보이기만 하면 된다.

지휘봉의
비밀

일주일 내내 마에스트로와 만날 날만 목이 빠지게 기다렸다. 그와 만나기 위해 음악 학교를 찾아가는 동안 조용한 가로수 거리를 지나왔다. 대학교 캠퍼스에 들어서자 거대한 벽돌로 지어진 건물이 한눈에 들어왔다. 건물 안에는 널찍한 리허설 스튜디오가 마련되어 있었다. 대학생으로 보이는 연주자들이 안으로 들어오더니 케이스에서 악기를 하나둘 꺼내기 시작했다.

이번 달에 오케스트라 리허설을 여러 번 지켜봤기 때문일까? 나는 지휘법의 매력에 푹 빠져 있었다. 그래서 학교에서 어떻게 지휘법을 가르치는지 궁금했다. 나는 지금까지 지휘자가 리허설을 위해 어떤 준비를 하며 자신의 비전을 연주자에게 전달하기 위해 어떻게 하는지 지켜봤다. 또 연주자가 자신의 재능을 충분히 발휘하도록 지휘자가 어떤 역할을 하는지도 배웠다. 지휘자는 연주자들이 소리에 집중하도록 일렀다. 그리고 단원들끼리 공동체 의식을 느끼도록 힘쓰는 것은 물론 오케스트라의 비전을 실현하기 위해 모든 단원에게 신경을 썼다.

듣지 않는 지휘자

그런데 한 가지 풀리지 않는 의문은 바로 지휘봉의 비밀이었다. 지휘자가 연주자들과 복잡한 관계를 유지하는 동안 지휘봉은 과연 어떤 역할을 할까? 마에스트로는 지휘봉이 시계를 작동하는 데 필요한 큰 태엽이 절대로 아니라고 말했다. 하지만 나는 감히 지휘봉에서 나오는 진짜 힘이 무엇인지 물어보지 못했다.

그래도 틈틈이 마에스트로의 손동작을 유심히 살피며 지휘봉의 움직임에 따라 음악에 어떤 변화가 생기는지 이해하려고 애썼다. 하지만 아직까지 지휘봉이 말하는 은밀한 기호를 해독하는 데는 별다른 소득이 없었다. 마에스트로는 지휘봉으로 오케스트라에 주문을 거는 게 틀림없었다.

때로는 지휘봉이 마법사의 요술 지팡이처럼 보일 때도 있었다. 특히 멘델스존처럼 위대한 작곡가의 곡을 연주할 때는 마치 지휘자가 지휘봉을 흔들며 작곡가의 영혼을 불러내는 것만 같았다.

지휘봉이 움직이는 데에 따라 오케스트라가 결정적으로 변하는 것은 확실했다. 하지만 구체적인 변화과정을 파악하기란 어려웠다. 이번 지휘 수업을 듣고 나면 그동안 베일에 싸여 있던 지휘법의 비밀이 풀릴 것 같아 가슴이 벅차올랐다.

오케스트라 단원들이 자리에 모이자 마에스트로가 지휘과 학생 네 명을 데리고 스튜디오 안으로 들어왔다. 연주자들이 악기 조율을 끝내자 한 학생이 처음으로 지휘대 위에 올라갔다. 고전풍으로 자른 금발머리에 키가 크고 마른 학생이었는데 내 시선을 단번에 사로잡을 만큼 위풍이 당당했다. 남학생은 권위적인 태도와 함께 신뢰감을 느끼게 했다. 지휘봉을 잡기도 전에 이미 연주의 주도권을 장악한 모습이었다.

솔직히 고백하면, 나는 학생의 지휘 실력에 흠뻑 빠졌다. 그의 손놀림은 무용수의 동작만큼이나 아름다웠으며 지휘봉의 움직임에 오케스트라도 완벽한 화답을 보내는 것 같았다. 학생의 솜씨는 지금까지 오케스트라 리허설을 볼 때마다 열심히 관찰했던 마에스트로의 손동작과 별반 다르지 않았다. 젊은 지휘자의 지휘법이 마에스트로와 꼭 같지는 않았지만 그래도 큰 감동을 받았다.

격렬했던 연주가 끝나자 나는 주위에서 우레와 같은 박수가 터져나올 거라 기대했다. 하지만 지루한 연주를 끝낸 것처럼 시무룩한 단원들을 보고 나는 적잖이 놀랐다. 이제 마에스트로가 어떤 평가를 내릴지 궁금했다.

"음……."

지휘자는 제1바이올린 파트 뒤에서 앞으로 걸어 나오며 굳게 닫힌 입을 열었다.

"재능이 참 많은 학생이군요."

지휘대로 가까이 간 지휘자는 학생의 어깨에 손을 슬며시 얹으며 친절한 태도로 그를 격려했다.

"지휘봉을 다루는 솜씨가 근래 들어 보기 드문 실력을 말해주고 있어요. 강렬한 에너지를 쏟아내는 실력도 대단하고요. 게다가 음악에 대한 이해력도 상당한 것 같아요. 훌륭한 자질을 지녔음이 분명합니다."

지휘자는 갑자기 학생의 얼굴을 향해 몸을 돌리더니 이렇게 말했다.

"하지만 한 가지 놓치고 있는 게 있어요. 자칫하다간 오케스트라와 완벽한 호흡을 맞추기에 충분한 자신의 재능을 썩힐 수도 있는 치명적인 결점이지요."

핵심을 찌르는 지휘자의 날카로운 지적에 학생은 어안이 벙벙해진 표정을 지었다.

"다른 사람들은 이런 말을 한 적이 없을 거예요. 하지만 내가 보건대 학생은 오케스트라 연주를 진정으로 듣지 않고 지휘를 하는 게 분명해요."

지휘자가 말을 계속했다.

학생은 눈썹을 위로 치켜들며 바로 반박할 태세였다. 하지만 그의 마음을 읽은 마에스트로는 틈을 주지 않았다.

"나도 학생이 음악에 모든 정성을 쏟는다는 걸 알아요. 연주에 온 신경을 곤두세우며 아름다운 지휘법을 구사하는 걸 보면 단번에 알 수 있죠. 하지만 그렇다고 학생이 단원들의 연주를 매순간 마음으로 느끼며 듣는다고 말하기엔 무리가 있어요."

학생은 연신 눈을 껌뻑거렸다.

"나도 그 맘 알아요."

지휘자는 학생이 잘 이해할 수 있도록 자세한 설명을 아끼지 않았다.

"오케스트라 연주를 잘 듣는다는 건 쉬운 일이 아니에요. 여러 악기가 동시에 연주하기 때문에 다양한 소리가 조화를 이루는지 파악하는 건 꽤 힘든 작업이랍니다. 하지만 지휘자는 각 파트의 연주를 정확하게 구분해 들어야만 해요. 단순히 악보대로 연주가 잘되고 있는지, 틀린 부분은 없는지 감시하는 게 전부가 아니에요. 연주 도중 훌륭한 파트가 어디였는지 찾아내 칭찬해주는 것도 지휘자가 해야 할 몫이에요. 듣는 훈련을 하지 않으면 오케스트라는 절대로 원하는 대로 따라주지 않을 거예요. 연주자들은 자신의 선택을 지휘자가 인정해준다는 생각이 들지 않으면 자신감 있게 모든 역량을 발휘해 연주하지 않을 것이며 학생에게서 영감을 얻으려고 하지도 않을 거예요."

"하지만."

그가 지휘자의 말을 가로챘다.

"전 지휘자가 오케스트라에 따라 움직이는 게 아니라 오케스트라가 지휘자의 지시대로 연주하면 된다고 생각했어요."

"젊은이가 잘못 생각하고 있는 게 바로 그 부분이에요."

지휘자는 작은 가방에서 책 한 권을 꺼내더니 원하는 부분을 찾을 때까지 페이지를 넘겼다.

"바로 여기 있네요. 게오르그 숄티Georg Solti|헝가리 태생의 영국 지휘자. 세계 최초로 '니벨룽의 반지' 전곡을 연주 녹음한|의 회상록에 담긴 글이에요. 시카고 교향악단을 장기간 이끌었던 훌륭한 지휘자였죠. 하지만 지휘를 시작한 초창기에 비엔나 필하모닉과 같은 명성 높은 교향악단에서 어떤 어려움을 겪었는지 한번 들어볼래요?"

지휘자는 게오르그 숄티가 쓴 글을 그대로 읊조리기 시작했다.

"비엔나에서 겪은 어려움은 결국 내가 자청한 일이었다. 그때 내 나이는 45세로 11년 동안 지휘자 경력을 탄탄하게 다진 후였다. 하지만 지휘자의 기본이 되는 일을 여태껏 몰랐다. 모든 걸 내 성격대로 이끌어선 안 되었는데 그땐 그걸 알지 못했다. 무슨 일이 있어도 먼저 오케스트라를 경청하는 것이 먼저였는데 말이다. 하지만 지금은 단원들이 나보다 더 좋은 생각을 얘기할 때마다 고마운 마음으로 그대로 따른다. 그렇지만 40년 전에는 그걸 몰랐다."

학생은 고개를 끄덕이며 지휘자의 이야기를 빠짐없이 이해하려고 애썼다.

"그러니까 게오르그 숄티가 말하고자 하는 핵심은, 지휘자는 가장 먼저 연주자의 음악을 경청해야 한다는 거죠? 그거야 어렵지 않죠. 마에스트로께서는 어디에 중점을 두고 연주를 들으시나요?"

학생이 질문했다.

"글쎄요. 나는 많은 부분을 염두에 둬요. 예컨대 오케스트라가 작품을 제대로 이해하고 있는지 파악하죠. 또 단원들이 전에 이 곡을 연주한 적이 있는지도 확인해요. 단원들이 곡에 대해 잘 알고 있는 경우에는 오케스트라 연주에 귀를 기울이며 각 파트가 서로 조화를 이루도록 애쓰지요. 또 단원들이 처음으로 어떤 곡을 연주할 때는 최대한 빨리 자신의 음악으로 소화해내도록 도와준답니다. 단원 중에 뛰어난 음악가가 있을 때는 그가 다른 단원들에게 영감을 제공하도록 옆에서 기회를 만들어주기도 해요. 나는 지휘를 할 때마다 여러 가지를 고려하며 중요한 포인트를 찾으려고 해요. 내가 무엇을 발견했는지에 따라 지휘봉의 움직임이 확연하게 달라져요. 그렇게 하면 그전과는 다른 독창적인 분위기가 조성되지요."

지휘자는 다시 한번 젊은이의 어깨를 격려하듯 쓰다듬었다.

"오늘 학생의 지휘 방식을 보았고, 오케스트라가 어떤 반응을 하는지 들었어요. 학생에게서 훌륭한 예술가로서의 자질을 발견하긴 했지만 오케스트라는 당신의 지휘에 적극적으로 반응하지 않더군요. 젊은이는 아름답고 멋진 자태를 뽐내며 지휘를 했지만 오케스트라가 전달하는 메시지에는 응답하지 않는 게 눈에 보였어요. 그러니 지휘자가 의도하는 대로 연주자들이 따라올 수 없는 거예요."

나는 학생이 불쌍하다는 생각에 안쓰러웠다. 하지만 다시 생각해보니 꼭 그런 것만은 아니었다. 가혹한 지적을 듣긴 했지만 이번 기회를 통해 그는 실수를 고치고 훌륭한 지휘자로서 거듭날 것이기 때문이었다.

"누군가가 나에게서 신뢰감과 권위 의식을 느낀다는 건 굉장한 일이에요. 하지만 오케스트라를 자신이 의도한 방향으로 이끌려면 가장 먼저 연주자들의 소리를 들어야 해요."

지휘자의 말에 학생이 반론을 제기했다.

"전 지금까지 그런 영향력이 지휘봉의 움직임에서 나온다고 믿었어요."

"물론, 틀린 말은 아니에요. 지휘자의 손놀림도 중요해요."

마에스트로는 턱을 문지르더니 어떻게 설명해야 할지 고민하는 듯했다. 그러더니 갑자기 고개를 들며 이렇게 물었다.

"클릭 트랙click track|영상 필름에서 일정한 눈금마다 딱 하고 소리를 내면서 생기는 박자. 촬영과 편집이 끝난 필름에 소리를 넣을 때 이 박자에 따라 음악을 넣을 수 있음|에 대해 들어봤어요?"

"네, 영화 음악을 한 번 녹음한 적이 있는데 그때 클릭 트랙을 사용했어요. 모든 사람이 헤드폰을 끼고 템포가 규칙적인 소리를 들으며 음악을 연주했어요. 그래야 영화 화면과 소리가 시간적으로 잘 맞아떨어지니까요."

기계가 기계를 만든다

"맞아요. 바로 그거예요. 오케스트라가 클릭 트랙에 맞춰 연주하니까 어땠나요? 마음에 들었나요?"

"글쎄요. 한창 주가를 올리고 있는 유명 음악가들이 모인 자리인 데다가 연주료로 많은 액수를 받아서인지 매우 흥분되는 자리였어요. 하지만 뭐랄까 진정한 예술로 느끼기엔 무리가 있었어요. 마치 공장에서 자동으로 돌아가는 라인에 따라 완성되는 물건을 만드는 기분이었어요. 대량으로 생산되는 물건은 정해진 규격이 있기 때문에 중간에 변화를 시도하는 게 불가능하죠. 그래서인지 음악에 생기발랄함이나 감정이 전혀 묻어나지 않았어요."

"왜 그랬다고 생각하죠?"

지휘자가 더욱 깊이 파고들었다.

학생은 무슨 말을 해야 좋을지 어쩔 줄 몰라 했다.

"잘 모르겠어요. 어쨌든 클릭 트랙은 기계잖아요. 우리가 어떻게 연주를 하든 클릭 트랙 때문에 다양한 소리를 낼 수 없을 거예요. 그리고 클릭 트랙이 연주에 반응을 보이는 것도 아니니까 연주자는 마치 기계가 된 느낌을 자동적으로 받게 돼요. 물론, 연주는 한 치의 오차도 없이 정확했지만 그 속엔 영혼이 없어요."

"그렇다면 학생이 말한 것처럼 '영혼'이 담긴 연주를 위해서라도 지휘자는 오케스트라 연주에 응답할 감각을 갖추어야겠군요. 그렇죠?"

지휘자가 예리한 질문을 던졌다.

"연주자들은 지휘자와 상호 작용한다는 느낌을 받지 못하면 평소보다 더 기계적인 연주를 하게 돼요. 게다가 공장의 기계공 취급을 받는 걸 불쾌하게 생각하는 연주자들은 무의식적으로 연주에 대한 흥미를 잃고 주의가 산만해진답니다. 그래서 소리의 아름다움이 퇴색하고 음의 깊이마저 사라지지요."

"선생님 말씀이 맞아요. 녹음실에서 저도 그런 느낌을 받았어요."

"지휘자가 오케스트라 단원들의 소리에 즉각적으로 반응하지 못하면 결국 그런 일이 생기고 말아요."

"마에스트로 선생님, 오늘 제 지휘 방식이 클릭 트랙만도 못했나요?"

"아니요."

지휘자는 학생에게 다정한 미소를 지으며 말했다.

"그보다 더 잘했어요. 훨씬 더 잘했고말고요! 학생에게는 충분한 잠재력이 있어요. 하지만 단원을 이끄는 데 많은 노력을 기울였어도 지휘봉을 움직이는 동시에 연주를 듣지 않으면 헛수고예요. 단원들이 아무리 열망해도 결국 지휘자의 안내 없이는 자신의 음악적인 재능을 모두 펼칠 수 없어요."

"지휘대에 서 있는 매 순간 스스로에게 물어보세요. 지금 이 무대 위에서 나는 소리를 진정 듣고 있는지. 그리고 내 행동이 소리에 따라 달라지는지 자문해보세요. 만약 그렇지 않다면, 자신이 하는 행동에 주의를 기울이는 대신 지휘자가 이끌어야 할 연주자들에게 주목해보세요."

지휘자가 한 말은 모두 마음에 깊이 와닿는 것들이었다. 마치 내가 지휘과 학생이라도 된 것처럼 그동안 저지른 실수를 되돌아보았다. 오늘 아침 회의 때, 부서 책임자들 앞에서 내가 어떤 행동을 했는지 떠올렸다. 그랬더니 웬걸! 나는 팀의 의견을 경청하기보다는 강력한 리더십을 보여주겠다는 의지만 불태운 것 아닌가.

존이 유통업체들의 실적에 대해 말했던 일이 떠오르자 그만 고통스런 기억이 밀려와 얼굴이 저절로 찌푸려졌다.

나는 존의 말을 귀담아 듣지 않았다. 내가 이미 결정한 방향대로 일을 추진하도록 그의 말을 말머리로 삼았을 뿐이다. 초보 지휘자가 저지르는 실수를 회사에서 그대로 따라한 것이다. 팀원들에게 권위 있는 모습과 나만의 개성을 보여주면 좋은 리더라고 생각해줄 줄 알았다. 하지만 그런 자세로는 아무리 회의를 반복해봐도 결실을 맺을 수 없다는 걸 왜 그때는 몰랐을까! 나는 지금껏 팀원들의 발언에 귀를 기울이지 않았다. 더 정확히 말하면, 오히려 그런 기회를 스스로 차단하며 살아왔다.

오케스트라가 습관이나 순간의 충동에 빠져 홀로 연주하는 순간이 분명히 있을 것입니다. 그럴 경우에는 끼어들지 않는 것이 현명합니다. 그저 여러분 눈앞에서 일어나는 현상을 정신을 똑바로 차리고 지켜보십시오. — 이고르 마르케비치

세부적인 것까지
시시콜콜
감독하지 않기

오케스트라 단원들이 악기 조율을 하자 나는 다시 스튜디오에 정신을 집중했다. 두번째 지휘과 학생이 지휘대에 올라섰다. 짙은 머리칼의 그 젊은이는 지적인 이미지가 물씬 풍기는 외모였다. 또 그의 몸짓에서 활력이 느껴졌다. 학생 지휘자는 오케스트라 전체를 구석구석 살피며 모든 파트에 신경을 썼다. 얼마나 세심하게 신경 쓰던지 손짓 하나하나에 강한 기운이 느껴졌다. 나는 지휘과 학생이 연주자들과 일일이 눈을 맞추고 있다는 것을 알아차렸다. 그가 연주에 귀를 기울이고 있다는 점에서는 조금의 의심도 없었다. 그는 단원들이 연주하는 음표 하나하나에

주의를 기울이는 듯했다.

하지만 시간이 어느 정도 흐르자 새로운 면이 보였다. 그는 단순히 소리에 귀를 기울이는 것만이 아니었다. 악보에 적힌 모든 음표를 감독하며 지시를 내리는 게 분명했다. 학생의 손놀림은 모든 엔트런스^{entrance(악보에서 특정 악기가 양상블로 첨가되는 부분)}와 음표, 크레셴도를 강조했는데 깊은 인상을 남기는 지휘였다. 어떻게 그 짧은 시간에 그렇게 많은 정보를 다 챙길 수 있는지 그저 놀라울 따름이었다. 오케스트라는 활기 찬 연주를 보여 줬는데 깔끔하게 정돈된 소리를 연출했다. 좀더 덧붙이자면 악보에서 벗어난 소리가 전혀 들리지 않은 공연이었다. 나는 학생의 놀라운 장악력에 감명을 받았다. 지휘를 마친 학생도 잔뜩 기대한 표정으로 마에스트로를 쳐다봤다.

"힘이 넘치는 지휘였어요."

마에스트로가 드디어 평가를 내리기 시작했다.

"악보에 적힌 세세한 부분까지 꼼꼼하게 살피고 있군요. 리듬도 정확하게 파악하고 있고 강조해야 할 음을 지휘봉으로 정확하게 짚어줬어요. 잘했어요."

남학생은 지휘자의 평에 만족하려고 애썼다.

"그런데."

지휘자는 칭찬을 끝내려는 듯 대화의 방향을 바꿨다.

"그런 식으로 계속 지휘했다가는 오케스트라 단원들이 당신과 연주하는 걸 싫어하게 될 겁니다."

학생은 갑자기 사색이 되어 마에스트로를 쳐다봤다. 하지만 지휘자는 목소리의 톤을 일정하게 유지했다.

쓸모없는 장악력

"학생이 지휘에 신경을 많이 쓰고 준비를 철저히 했다는 건 알아요. 악보에 나온 음표를 훤히 꿰고 있을 뿐만 아니라 자신이 아는 세부적인 내용을 지휘봉을 통해 그대로 표현했어요. 그래서 새로운 악기가 연주를 시작할 때마다 바로 신호를 보냈죠. 물론 학생은 그 점을 매우 가치 있게 여기고 있겠죠. 하지만 그런 부가적인 신호가 실제 공연에서는 어떤 가치가 있을까요? 오케스트라는 당신 없이도 얼마든지 합주를 할 수 있답니다."

지휘자는 젊은 연주자들을 향해 시선을 돌리며 말했다.

"학생 여러분, 이번에는 지휘자 없이 처음부터 연주를 시작해볼까요?"

젊은 연주자들은 처음에는 어리둥절하거나 수줍어하는 기색이 역력했다. 하지만 개중에 많은 단원이 지금까지 한 번도 해보지 못한 일을 하게 되자 금세 즐거워했다. 연주자들이 모두 콘서트마스터concert master[관현악단의 제1바이올린 수석연주자로 전체를 이끄는 지도자 역할을 담당한다]인 젊은 바이올린 연주자를 쳐다봤다. 그는 단원들이 조용히 집중하기를 기다렸다가 활을 들었다.

그러자 단원들이 확신에 찬, 당당한 태도로 연주를 하기 시작했다. 전문 오케스트라 단원들이 마에스트로와 처음으로 리허설을 할 때처럼 연주자들의 호흡이 척척 맞았다.

지휘과 남학생은 가장자리에 서서 오케스트라가 악보의 첫 부분을 5분 남짓 연주하는 소리를 가만히 듣고만 있었다. 이윽고 마에스트로가 연주를 멈추게 하자 오케스트라 주변에는 강한 기운이 느껴졌다. 매우 흡족해하는 단원들도 있지만 연주가 끝나자 비로소 안도의 한숨을 내쉬는 연주자도 있었다. 연주자마다 반응은 달랐지만 어쨌든 오케스트라를 움직이는 원동력에 변화가 생긴 것만은 확실했다. 단원들은 지금까지 맛보지 못한 그룹의 일치감을 경험했다.

"자, 이제부터……"

마에스트로가 웃으며 말을 이었다.

"지휘자 없는 연주가 어떤 것인지 알아봅시다. 학생이 오케스트라 연주에 세심한 신경을 썼지만 과연 그게 꼭 필요한 일인지에 대해서는 논쟁의 여지가 있군요."

지휘자는 오케스트라를 가로질러 호른 연주자 가운데 한 학생에게 다가가며 물었다.

"호른 파트는 지휘대에서 꽤 멀리 떨어져 있죠. 아까 호른 소리를 유심히 들어봤는데 호른 연주자는 바이올린 소리와 적절한 화음을 이루더군요. 어떻게 가능한 거죠?"

호른 연주자는 멍하니 미소만 지으며 무슨 말을 해야 할지 몰라 망설였다.

"그게 말이죠."

드디어 연주자가 말문을 열었다.

"콘서트마스터가 시작을 알리는 신호를 보내는 걸 봤어요. 연주 소리에 귀를 기울였다가 우리가 필요한 때를 잘 맞춰 들어갔지요."

호른 연주자의 말에 단원들도 동의한다는 반응을 발소리로 표현했다. 악기를 들고 있어서 박수를 칠 수 없자 자연스레 발을 바닥에 대고 구른 것이었다. 이번 연습을 통해 오케스트라 단원들이 자신의 연주에 대해 관심이 높아졌다는 것을 알 수 있었다.

마에스트로는 지휘과 학생에게 시선을 돌렸다.

"자, 학생도 오케스트라의 연주를 잘 들었겠죠? 지휘자의 신호 없이도, 세부적인 내용까지 일일이 지적하지 않아도 연주자들이 훌륭하게 곡을 소화했어요. 그렇다면 지휘봉은 대체 어떤 용도로 쓰이는 건지 자문해볼 차례군요."

그러자 스튜디오가 쥐죽은 듯 조용해졌다. 마에스트로가 다시 침묵을 깼다.

"잠깐 지휘봉을 빌려도 될까요?"

지휘자는 학생에게 지휘봉을 빌리더니 지휘대로 올라갔다. 그리고 단원들에게 연주 준비를 하라고 신호를 보냈다.

똑같은 작품을 연주했는데도 이번 연주는 바로 전에는 찾을 수 없는 신선한 탄력과 극적인 에너지가 느껴졌다. 이번에는 소리가 본연의 생명력을 찾은 것만 같았다. 마치 꼭두각시 인형이 줄을 끊고 나와 주인도 없이 혼자서 자유롭게 움직이는 장면이 연상될 정도였다. 지휘과 학생과 젊은 연주자들도 소리의 차이를 바로 느꼈다. 모두 연주에 깊은 인상을 받았다.

"이번엔 학생의 지휘 방식을 모방해서 같은 소절을 다시 연주해볼게요."

마에스트로는 내가 기대했던 것과는 전혀 다른 모습으로 돌변했다. 끔찍할 정도는 아니었지만 그의 몸짓이 어딘가 자연스럽지 않았다. 지휘과 학생이 그랬던 것처럼 마에스트로가 조심스럽게 단원들을 쳐다보았다.

두번째 연주는 부자연스러운 데다 줄에 매달린 꼭두각시 인형처럼 뻣뻣했다. 연주를 마친 지휘자가 학생에게 고개를 돌렸다.

"어떻게 다른지 알겠어요? 소리의 차이를 구분할 수 있겠어요?"

학생이 당황한 목소리로 대답했다.

"네, 다르다는 건 확실히 알겠어요. 하지만 선생님이 어떻게 그런 차이를 만드셨는지 말로 설명하기가 어렵네요."

"그렇다면 내가 알려줄게요. 학생은 오케스트라에 정신을 집중하며 열심히 지휘해요. 문제는 단원들이 굳이 도움을 필요로 하지 않는 부분까지 관여한다는 거예요! 연주자들이 스스로 해결할 수 있는 문제와 협동 작업이 필요한 부분을 구분하는 게 중요해요. 학생이 지휘봉을 흔들며 모든 문제를 해결하려고 들었다가는 단원들의 듣기능력이 자연적으로 쇠퇴할 수밖에 없답니다. 학생이 지휘를 했을 때보다 지휘자가 없을 때 단원들이 서로 하나가 되어 멋진 합주를 했던 걸 보면 바로 알 수 있죠."

이미지를 터치하는 붓처럼

학생은 당황한 모습을 보이지 않으려고 최대한 애썼다.

마에스트로는 재차 강조했다.

"그럼, 이제 지휘자가 모든 음표를 시시콜콜 감독하지 않아야 한다는 걸 깨달았을 거예요. 지휘자의 그런 태도는 연주자들에게 지휘자가 자신의 연주를 신뢰하지 않는다는 인상을 준답니다."

그 순간, 연주자들이 다시 또 발을 구르며 맞장구를 쳤다.

"보셨죠? 지금까지의 지휘 방식을 고집한다면 연주자들은 학생과 함께 연주하는 걸 극도로 싫어하게 될 겁니다. 당신이 연주자들의 가치를 무시하는 것 같아 숨이 막히고 답답할 테니까요."

"선생님이 방금 지휘하실 때처럼 놀라운 결과를 얻으려면 어떻게 해야 하나요?"

"아! 나 역시 학생처럼 연주에 적극적으로 참여하며 집중했어요. 하지만 내가 집중하는 대상은 학생과는 달랐지요. 나는 지휘봉을 잡기 전에

이 작품에서 떠올릴 수 있는 가장 아름다운 이미지를 머릿속으로 상상했어요. 그리고 그 이미지만 떠올리며 지휘봉을 들었지요. 단원들이 각자 세부적인 부분에 신경을 쓸 거라고 믿었고 내가 상상하는 이미지를 연출해줄 것으로 확신했답니다."

지휘자는 연주자들을 둘러보며 말을 계속했다.

"그랬더니, 학생이 들은 것처럼 단원들이 훌륭한 연주를 해주었답니다."

"하지만 단원들이 해내리라는 걸 어떻게 아셨죠? 어떻게 하면 그런 확신이 드나요?"

마에스트로는 예전에 플로에 대해 설명하며 내게 들려줬던 자전거 이론을 언급했다.

"자전거를 처음 탈 때는 앞으로 달리면 바로 넘어진다는 걸 본능적으로 느껴요. 하지만 자전거를 처음 탈 때만 그렇지 나중에는 생각이 바뀐답니다. 앞으로 달리다보면 어떤 힘이 나를 지탱해준다는 걸 믿게 되니까요. 그때부터는 스스로 자전거를 탈 수 있게 되지요. 초반에 오케스트라를 믿는다는 것도 마찬가지예요. 당신은 음악에서 플로를 창조해야 할 사람이에요. 그러니 음표대로 연주하는지에 대해서는 단원들에게 믿고 맡겨야 한답니다.

학생이 연주자들과 눈을 맞추며 지휘하는 것은 그들에게는 방해가 될 뿐이에요. 단원 전체가 음악의 플로를 느끼지 못하고 분열이 일어나는 원인이 되니까요. 그런 태도는 단원들에게 음표가 플로보다 중요하다는 신호로 인식된답니다. 음악에 생명력을 불어넣으려면 세부적인 정보와 함께 플로를 성공시키는 게 중요하지요."

그 학생은 소중한 교훈을 주는 수업에 푹 빠진 듯 계속해서 같은 자리에 서 있었다.

"이리로 와요!"

지휘자는 제자의 마음을 사로잡은 강의를 끝냈다는 듯 학생을 불렀다.

"이제 직접 해볼 차례예요."

우리는 그가 얼마나 난처할지 짐작이 갔다. 이를 눈치라도 챈 듯 마에스트로는 지휘봉을 들기 전에 작품에 대한 이미지를 어떻게 그리는지 일러주었다. 마음속으로 소리를 상상하는 방법과 연주가 진행되는 동안 그 소리를 계속해서 듣는 법을 비롯해 지휘자 자신이 상상했던 소리를 오케스트라가 낼 수 있도록 유도하는 방법을 차근차근 설명했다. 몇 번의 시도 끝에 학생은 이전과 사뭇 다른 지휘를 선보였다. 오케스트라가 연주를 끝내자 스튜디오 안에 있는 사람들은 그의 지휘가 달라졌다는 데 모두 동의하는 것 같았다.

놀라운 발전을 확인한 순간, 휴식 시간이 되었다. 마에스트로는 학생들에게 잠시 쉬었다 가자고 말했다.

오늘 아침에 열렸던 회의가 생각나자 다시 머리가 무거웠다. 내가 잘못했다는 걸 뒤늦게 깨닫고 나자 회의 때 모인 부서 책임자들이 어쩌면 의사일정에 있는 모든 항목을 다 예상하고 있었을지도 모른다는 생각마저 들었다. 그렇다면 리더십 팀원들이 다 아는 내용을 내 입장에서 다시 한번 강조한 것에 지나지 않았다.

나는 팀원들이 함께 문제를 해결할 수 있는 더 나은 기회를 이제껏 주지 않았다. 오히려 내가 만든 테두리 안에 팀원들을 가둬둔 채 내 생각만을 주입하는 회의를 계속해왔다. 그렇게 나는 팀을 억압하는 리더 행세를 했던 것이다.

회의 때 있었던 세부적인 일을 떠올리는 순간 저절로 이마를 쓸어내렸다. 나와 책임자 한 명이 대화를 나누는 완벽한 1:1 소통 방식만 고집했다니! 그러니 책임자들끼리 정보를 공유하고, 각자의 생각을 털어놓을 화합의 장이 마련될 리가 있겠는가! 지휘과 남학생이 그랬던 것처럼 나는 훌륭한 결과를 얻기 위해 최선을 다하겠다는 일념으로 팀을 이끌었다. 하지만 나의 이러한 태도는 곧 팀원을 신뢰하지 않는다는 리더의 소극적인 모습을 보여주기에 충분했다.

그때, 누군가가 내 어깨에 가볍게 손을 올렸다. 마에스트로는 학생 네 명과 구내 커피점에 간다면서 나에게도 같이 가자고 했다. 자리에 앉기가 무섭게 학생들은 기다렸다는 듯 지휘자에게 질문을 던졌다.

"지휘자 없이도 오케스트라는 작품을 훌륭하게 소화했어요. 하지만 그러지 못할 때도 있지 않을까요?"

"좋은 질문이에요."

지휘자는 커피를 한 모금 홀짝인 다음 본격적으로 말을 이어갔다.

"이를테면 아마추어 오케스트라와 일할 때는 지휘자가 악보 내용을 꼼꼼하게 챙겨줘야 해요. 하지만 여기 모인 네 학생은 일류 오케스트라와 공연하는 법을 배우는 학생들이에요. 그래서 오늘 악보 보는 법을 따로 배울 필요가 없는 전문 연주자들을 이끄는 지휘법에 대해 알려주고 싶었어요. 어쩌면 가장 까다로운 지휘법을 알려주는 건지도 몰라요. 물론 단원들이 잠재된 능력까지 다 발휘할 수 있도록 지휘자가 방향을 직접적으로 지시해야 할 때도 있어요. 하지만 세부적인 내용을 가르친다는 인상을 주지 않도록 지휘자는 전략적이면서도 환상적인 지휘법을 구사해야 하지요."

마이크로 매니지먼트의 문제점

"실력 있는 오케스트라라도 생전 들어보지 못한 작품을 연주해야 한다면요?"

아까 두번째로 지휘봉을 들었던 학생이 물었다.

"작곡가에 대해 사전 지식이 없고 작품 구성도 아주 복잡해서 지휘자의 도움이 꼭 필요한 경우엔 어떡하죠? 게다가 리허설 시간도 턱없이 부족한데 바로 녹음을 해야 하는 상황이라면요?"

지휘자는 망설임 없이 바로 대답했다.

"그런 조건이라면 지휘과 학생이 오늘 한 것처럼 세부적인 내용까지

시시콜콜 지시하는 게 도움이 될 겁니다. 당장 눈앞에 닥친 난관을 극복하려면 그게 최선일 테니까요. 어쨌든 지휘자는 연주자들이 처한 상황을 냉철하게 판단하고, 연주과정을 잘 살피고 단원들이 원하는 리더십을 보여줘야 합니다. 그러려면 지휘자로서 다양한 지도법과 접근 방식을 익혀야 해요. 그리고 지휘 실력을 꾸준히 늘리는 것도 중요하지요."

커피점에서 들은 대화 내용을 회사 용어로 바꿔서 이해하는 일은 별로 어렵지 않았다. 마에스트로는 내가 회의에서 그동안 저지른 실수에 대해 간접적으로 지적하고 있는 거나 다름없었다. 나는 회사에서 '마이크로 매니지먼트micro-management[회사에서 관리자가 직원의 세부적인 업무 내용까지 꼼꼼하게 관리하는 방식]'를 고수했다. 마이크로 매니지먼트가 초래하는 가장 심각한 문제는 리더십의 과잉이 아니라 리더십의 부족이다. 이런 관리 방식을 고수하는 지도자는 자신이 세운 비전과 전략을 겉으로 드러내지 않거나 아예 직원들에게 설명조차 하지 않는다. 그래서 부하 직원들은 회사의 원대한 목표를 전혀 모르는 상황에서 일을 하거나 회사의 비전이 무엇인지 알아낼 때까지 마음 졸이며 일한다. 그러고 보니 나는 회사의 리더십팀에게 내가 일순위로 생각하는 목표에 대해 언급하지 않았다. 내가 선택한 회의 일정들이 목표와 어떤 관련이 있는지도 설명하지 않았다. 그저 부서 책임자들이 해야 할 일을 한 명씩 돌아가며 정해준 게 전부였다.

"마에스트로 선생님!"

첫번째로 지휘를 한 학생이 궁금한 점이 있는지 지휘자를 불렀다.

"아까 보니깐 선생님이 단상에 오르고 난 다음 곡이 미처 시작되기도 전에 연주자들의 표정이 밝아지던데요. 어떻게 그럴 수 있나요? 그때 선생님은 뭘 하셨나요? 그리고 연주자들은 무엇을 본 걸까요?"

"학생도 알다시피……"

지휘자가 천천히 대답했다.

"경험이 많은 지휘자라면 오랜 시간 연주 레퍼토리를 공부하고 감상한 사람이에요. 그래서 그 곡이 연주되기도 전에 어떤 소리가 나올지 미리 그려볼 수 있지요. 나는 지휘대에 올라간 다음 단원들을 둘러봤어요. 그리고 내가 생각한 비전을 연주자들이 그대로 재현하는 모습을 상상했답니다. 곡이 연주되기도 전에 그토록 환상적인 순간을 경험한 거예요. 그러니 내 얼굴 표정과 호흡에서도 자연스럽게 배어나온 것이죠."

지휘과 학생들은 지휘자의 답변이 이쯤에서 끝날 것 같지 않아 가만히 기다렸다. 그래도 계속 침묵이 흐르자 두번째로 지휘를 했던 학생이 다시 입을 열었다.

"그게 끝인가요? 선생님이 그때 하신 일이 그게 다라고요?"

"그래요."

지휘자는 다소 뜻밖이라는 듯이 대답했다.

"그것도 많은 것 같은데요. 지휘대에 올라간 순간부터 7초의 시간 동안 아무것도 하지 않고 보내면 안 돼요. 매우 의미 있는 순간들이니까요. 만약 그때 지휘자가 소리에 대해 상상하고 있다는 걸 연주자들이 목격한다면 자신감을 갖고 악기를 연주할 수 있을 거예요. 이 과정은 눈 깜짝할 사이에 조용히 진행되기 때문에 연주자들이 미처 자각하기도 전에 일어난답니다. 연주자들은 자신이 맡은 파트에서 비전을 실현하기 위해 정성을 다할 거예요. 이처럼 지휘자의 비전이 단원들에게 그대로 전달되는 과정이야말로 지휘의 본질이라고 할 수 있어요. 바로 여기서 평범한 공연이 될지 아니면 최고의 공연이 될지 연주의 질이 결정된답니다."

마에스트로가 정확히 1시간 30분쯤 전에 이런 얘기를 했다면 나는 그의 말을 전혀 믿지 못했을 것이다. 하지만 지휘자의 신비한 힘이 바로 그 부분에서 나온다는 걸 방금 두 눈으로 확인한 이상 의심의 여지가 없었다. 지휘자는 환상적인 소리를 상상하며 꿈을 꾼다. 그리고 지휘자의 꿈은 지휘봉의 움직임으로 다시 태어났다. 너무 빨리 진행되는 데다 연주가 미처 시작되기도 전에 벌어지는 일이라 도저히 내가 짐작할 수 있는 부분은 아니었다. 오케스트라 연주가 시작될 때부터 지휘의 비밀을 찾았던 나로서는 마에스트로의 대답을 듣는 순간, 뒤통수를 맞은 기분이 들었다. 열심히 대화를 듣다보니 어느새 휴식 시간이 훌쩍 지나버렸다.

셀은 오보에가 어떻게 호흡하는지를 알고 그와 함께 호흡해요. 그렇기 때문에 오보에가 호흡할 동안 시간을 주어야 한다는 사실도 잘 알고 있었죠. 그는 피아니스트였어요. 하지만 현악기의 활 쓰는 법에도 정통했죠. 그는 자신이 듣고자 하는 것이 무엇인지, 어느 시점에 음악의 어떤 흐름과 어떤 노래를 듣고 싶어하는지를 정확하게 알아요. - 아이작 스턴이 현대의 고전주의자인 조지 셀에 대해 남긴 말

최소가
최상의 결과를
낳는다

우리는 리허설을 위해 다시 스튜디오로 발길을 옮겼다. 오케스트라
가 악기 조율을 하는 동안 다음 지휘를 앞둔 여학생도 준비를 마쳤다. 앞
서 지휘를 한 두 학생처럼 여학생은 겉으로 보기에는 전혀 빈틈이 없었
다. 자신감이 넘칠 뿐 아니라 총명해 보였다. 여학생은 힘 있게 두 팔을
들어 연주자들에게 시작 신호를 보냈다. 연주는 힘이 넘치고 신선했다.
열정이 가득한 지휘를 선보였지만, 나는 왠지 여학생이 마구잡이로 지휘
봉을 흔든다는 인상을 받았다. 키는 크지 않았지만 여학생의 상체 움직
임은 다른 지휘과 학생들보다 훨씬 더 컸다. 반면에 지휘 방식의 일관성

이나 민첩함은 그들과 크게 다르지 않았다.

지휘 방식을 어떻게 알아보는지 지난 시간 두 차례나 배운 터라 나는 여학생의 손놀림을 유심히 살폈다. 학생은 악보의 세세한 부분을 지시하는 것 이상으로 열심히 지휘봉을 흔들어댔다. 오케스트라 연주에는 힘과 생명력이 넘쳤지만 이상하게도 소리가 전혀 만족스럽지 않았다. 지금까지 마에스트로가 지휘하는 오케스트라의 깊고 울림이 강한 소리에 익숙해서일까? 이번 리허설 연주는 개인적으로 썩 마음에 들지 않았다. 확실히 힘이 많이 들어간 소리라고나 할까! 아니나 다를까 그 여학생은 지휘대 위에서 땀을 뻘뻘 흘리며 지휘를 하고 있었다. 다른 학생들에게서는 전혀 볼 수 없는 모습이었다.

연주가 끝나자 마에스트로가 여학생에게 다가갔다.

"브라보! 작품을 느끼는 감각이 훌륭해요. 그리고 열정을 잘 살려 지휘를 했어요."

여학생은 머리를 살짝 숙이며 마에스트로의 말에 공감한다는 신호를 보냈다.

"이제 학생이 상상하는 소리를 연주자들이 아름답게 연주할 수 있도록 유도하는 일만 남았군요. 방금 연주한 곡을 녹음해서 듣는다면 학생은 틀림없이 실망할 거예요. 지금 학생이 어떤 부분을 놓치고 있는지 알겠어요?"

여학생은 난처한 표정을 짓더니 선뜻 대답을 못 했다.

그러자 마에스트로가 대신 대답을 이어갔다.

"그럼 여기 있는 지휘대와 지휘봉에 대해 얘기해봅시다. 둘 다 지휘자의 행동을 크게 보이게 하는 도구들이에요. 지휘대 덕분에 연주자들이 지휘자의 모습을 '더 잘 볼' 수 있으니까요. 참 쓸모가 있지요. 지휘자가 굳이 손발을 비틀며 몸을 흔들지 않아도 지휘대에 서 있으면 오케스트라 전원을 문제없이 통솔할 수 있답니다. 지휘봉도 마찬가지로 지휘자의 손놀림을 확대시켜주는 고마운 도구예요. 손을 조금만 움직여도 지휘봉 끝의 움직임이 크게 보이니까요. 그래서 움직임이 작아도 오케스트라를 완벽하게 지휘할 수 있지요.

학생이 지휘대에 올라가 연주자 전체를 내려다보면 본능적으로 어떤 생각이 드나요? 단원들에게 의사를 전달하려면 크게 소리를 질러야겠다는 생각이 가장 먼저 들 거예요. 또 단원들이 지휘자의 생각을 읽을 수 있도록 지휘봉을 과장되게 흔들고 싶겠죠. 하지만 지휘대에 서고 지휘봉을 쥔 것만으로도 학생은 이미 지도자의 자격을 충분히 갖췄어요. 그러니 학생이 꿈꾸는 연주가 실현될 수 있도록 전달 방식을 바꿀 필요가 있답니다. 그런 의미에서 보여줄 게 있어요."

마에스트로는 여학생에게 함께 지휘대에 올라가자고 제안했다. 그러고 나서 오케스트라에게 연주를 준비해달라고 부탁했다. 여학생 바로 뒤에 자리를 잡은 마에스트로는 지휘봉을 쥐고 있는 학생의 오른손을 잡았다.

"지금부터 내가 학생의 손을 움직이며 지휘를 해볼게요. 그러니 팔에 힘을 쭉 빼고 내가 어떻게 지휘봉을 움직이는지 느껴봐요."

마에스트로는 말이 끝나자마자 여학생과 함께 한 몸이 되어 지휘를 했다. 두 사람이 함께 움직이는 모습이 꼭 파드되pas-de-deux|발레에서 두 사람이 추는 춤|처럼 보였다. 마에스트로가 여학생의 손을 빌려 지휘를 하는 동안 여학생은 사소한 움직임까지 놓치지 않고 몸으로 느꼈다.

1~2분 정도 흐르자 연주를 멈춘 마에스트로가 학생에게 느낀 점을 얘기해보라고 했다.

"손의 움직임이 너무 섬세했어요! 선생님이 이렇게 작은 손놀림으로 지휘하실 줄은 몰랐어요."

"그래서 많이 놀랐나요?"

"네, 많이요!"

그 여학생은 방금 경험한 일에 충격을 받았는지 미동도 없이 가만히 있었다.

"지휘봉을 조금만 움직였는데도 효과가 굉장하네요."

"네, 맞아요."

마에스트로가 공감을 표했다.

"지휘봉을 타악기를 두드리는 채처럼 다룰 필요는 없어요. 특히 연주에 대해 잘 아는 실력 있는 단원들과 일할 땐 지휘봉을 섬세하게 다룰 줄 알아야 해요. 에너지는 이미 연주자들 안에 내재되어 있어요. 그러니 지휘자가 굳이 지휘봉을 흔들며 에너지를 만들어낼 필요는 없어요. 우리는 그 에너지를 분산시킬 방향만 알려주면 된답니다."

카라얀의 경험

"정말 색다른 경험이었어요!"

여학생은 지금까지도 여운이 감도는지 탄성을 질렀다.

"그래요. 베를린필하모닉을 오랫동안 지휘했던 헤르베르트 폰 카라얀[1908~1989, 베를린 국립오페라극장과 베를린 필하모닉의 상임 지휘자, 다양한 레퍼토리를 지휘했음]은 자신의 어린 시절에 대해 얘기하는 걸 좋아했어요. 한번은 카라얀이 동물을 타는 법을 배웠을 때였어요."

"말 아닌가요?"

여학생이 중간에 끼어들었다.

"맞아요. 승마 선생이 다음 수업 시간에는 말을 타고 허들을 뛰어넘는 법을 배울 거라고 말했어요. 어린 카라얀은 말처럼 커다란 동물에 올라 탄 채로 허들을 넘는다는 생각에 일주일 내내 걱정만 하며 보냈지요. 승마 수업이 있는 날, 카라얀은 걱정했던 것보다 실전이 훨씬 쉽다는 걸 알았어요. 자신은 말을 적절한 자리로 지혜롭게 이끌기만 하면 됐어요. 허들을 넘는 건 자신이 아니라 말이라는 걸 깨달은 거죠. 그후로 카라얀은 승마에서 얻은 교훈을 지휘에 적용했어요. 연주를 하는 사람은 지휘자가 아니라 전적으로 오케스트라니까요."

"저는 허들을 넘는 주체가 저라고 착각했어요. 그래서 지금까지 그런 마인드로 지휘를 했던 거예요."

여학생은 자신에게 꼭 필요한 진리를 깨달은 사람처럼 겸손한 태도로 말했다.

"맞아요. 지휘자는 최소한의 간섭만 해야 합니다. 오케스트라는 각자 힘과 열정을 다해 연주하지요. 그렇다고 지휘자가 아무것도 안 하고 구경만 하라는 얘기는 아니에요. 연주자가 각자의 역할에 충실할 수 있도록 기회를 주되 앞에서 계속 압력을 가할 필요는 없다는 얘기에요. 우리는 지휘를 할 때마다 끊임없이 지휘의 강약을 생각합니다. 그러다가 연주자와 지휘자 사이의 균형점을 찾았을 때는 그 상태를 유지하는 게 중요해요."

"마에스트로 선생님. 좀 전에 최소한의 간섭만 해야 한다고 하셨죠?"

여학생이 말했다.

"네, 그랬어요. 여기서 간섭의 범위는 상황에 따라 조금씩 다른데요. 에너지가 조금 부족한 오케스트라일 경우에는 지휘자가 힘을 북돋워줘야 하지요. 그러다 단원들의 열기가 무르익으면 서서히 간섭을 줄여야 해요. 또 감수성이 풍부한 오케스트라일 경우에는 스스로 감성적인 부분을 조절하도록 내버려두세요. 이때 지휘자는 자신이 상상하는 비전을 조심스럽게 전달하기만 하면 돼요. 최소한의 간섭이 최상의 결과를 이끌어낸다는 점을 명심하세요. 그리고 지휘자는 연주자들이 감성지수를 높일 수 있도록 용기를 주고, 다른 동료와 원활한 소통이 가능하도록 도와주는 일도 잊으면 안 돼요. 알겠죠?"

지휘자는 여학생이 지휘대에서 내려오도록 이끌어주며 말했다.

나는 회의 때 리더십팀이 보인 행동을 분석해봤다. 이내 팀원들의 침묵이 '마이크로-매니지먼트'의 필연적인 결과라는 사실을 뒤늦게 깨달았다. 침묵에 담긴 숨은 의미를 알아채기는커녕 나는 팀원들을 격려한답시고 오히려 압박감만 주었다. 아마 테이블 상석에 자리 잡은 내 의자가 지휘대와 비슷한 기능을 했을 게 뻔했다. 말과 행동이 실제보다 확대되어 보이는 자리에 앉았으니 오죽했을까! 팀원들이 내 앞에서 조용히 입을 다물고 있었던 건 어쩌면 당연했다. 팀원들은 내게 반론을 제기하거나 다른 동료에게 의견을 제시하기보다는 차라리 침묵으로 본능적인 방어를 한 것이었다. 나는 오늘에서야 비로소 내 지도력이 바로 경직되고 차가운 회의 분위기를 만든 주범이라는 것을 깨달았다.

라이너는 지금까지 내가 본 가장 뛰어난 지휘봉의 기술자들 중 하나였어요. 긴 지휘봉의 끝으로 오케스트라를 자유자재로 다루었지요. 그는 지휘봉을 그냥 부드럽게 아주 조금만 움직였어요. 라이너는 정말 훌륭한 대가였지요. – 스턴이 위대한 지휘의 마술사 프리츠 라이너에 대해 평하며

리더와
치어리더의 차이

오케스트라 단원들이 다시 악기 조율을 하는 사이에 마지막으로 지휘를 선보일 학생이 지휘대에 올라갔다. 이번 청년은 잘생기고 상냥해 보이는 외모였다. 첫번째로 나선 학생처럼 우아하면서도 정돈된 품행이 눈에 띄었다. 그의 몸짓은 여유로우면서도 힘이 넘쳤다. 그리고 보는 사람에게 즐거움을 주었다. 나는 이 학생이 연주에 귀를 기울이고 있다고 확신했다. 오케스트라의 연주에 맞추어 지휘를 하는 게 금방 눈에 띄었기 때문이다. 결론적으로 말하면 이번 지휘는 내가 감동하기에 충분했다. 하지만 그전 리허설에서 느꼈던 에너지에 비해 다소 약하고 처진 기분이 들었다. 오케스트라 단원들도 생기가 없고 지루해 보였다. 나는 학생으로 구성된 학교 오케스트라인 만큼 경험이 부족해서 그런 것으로 생각했다.

마침내 곡이 끝나고 지휘과 학생의 시선이 한 발짝 앞으로 다가선 마에스트로 쪽으로 향했다.

"학생은 재능이 넘치는 예술가로군요."

마에스트로가 다정하게 말했다.

"곡에 대해 공부를 많이 한 데다 연주자들에게도 세심한 주의를 기울였어요. 그런 점은 칭찬받아 마땅하지요."

마에스트로는 잠시 말을 멈췄다. 그러자 스튜디오 안이 갑자기 정적에 휩싸였다.

"하지만……"

혼란스럽다는 듯 마에스트로는 머리를 가볍게 흔들며 말을 이어갔다.

"오케스트라는 지휘자 한 사람을 위해 연주를 하는 게 아니에요. 학생이 아무리 우아하게 지휘를 해도 단원들을 하나로 뭉치게 하는 데는 역부족이었어요. 왜 그런지 그 이유를 알아야 할 것 같군요."

마에스트로의 지적을 이해하려고 애썼지만 남학생은 당황한 기색이 얼굴에 쓰여 있었다.

"내가 직접 행동으로 보여줄게요."

마에스트로는 지휘대로 다가가며 그에게 손을 내밀었다.

"지휘봉을 잠깐만 빌려주겠어요? 이번에는 내가 지휘를 해볼게요."

마에스트로가 오케스트라를 바라보며 말했다.

"처음부터 다시 시작해봅시다."

지휘봉이 움직이는 순간 단원들이 전율과 영혼이 담긴 소리를 내기 시작했다. 학생이 지휘할 때는 전혀 맛볼 수 없는 것들이었다. 약 30초간 연주가 이어졌다. 마에스트로가 지휘를 멈추자 단원들이 일제히 발을 굴렀다.

현재와 미래, 건널 수 없는 차이

지휘과 학생은 적잖이 놀란 듯 아무 말이 없었다.

그러자 마에스트로가 지휘봉을 돌려주며 말했다.

"그럼, 방금 들은 연주는 학생이 지휘한 연주와 다른 걸까요? 내가 백발이 성성한 중년 지휘자라서? 지휘 경력이 풍부한 베테랑 지휘자라서?"

질문에 대한 정답은 오케스트라 단원들마저 머리를 내저을 정도로 쉬웠다.

"학생과 나의 근본적인 차이는 아주 간단해요. 학생은 오케스트라가 연주를 하는 순간 동시에 지휘를 하지만, 나는 연주가 시작되기 전에 앞으로 나올 소리를 지휘하지요. 모름지기 리더라면 아직 일어나지 않은 일에 대해서도 책임을 질 줄 알아야 해요. 그렇지 않으면 팀을 이끄는 것이 아니라 팀을 따라가는 격이 될 테니까요. 연주가 흐르는 순간순간 멋진 손동작을 뽐내며 지휘를 하는 것도 좋지만 그 방식으로는 결코 지휘자가 원하는 소리를 창조할 수 없어요. 연주에 직접적인 영향을 끼치고 싶다면 아직 연주되기 전의 소리를 미리 들을 만한 능력을 갖추어야 합니다. 자, 내 얘기를 들었으니 다시 한번 지휘를 해볼까요?"

마에스트로는 마지막 질문을 끝으로 설명을 끝내며 지휘대에서 내려왔다.

학생은 지휘봉을 쥐고 다시 지휘를 시작했다. 하지만 연주가 시작된 지 15초도 되지 않아 마에스트로가 개입했다.

"그게 아니에요. 아까와 달라진 게 없군요. 앞으로 연주될 소절을 생각하며 그다음 소리를 지휘봉으로 지시해보세요."

남학생의 두번째 시도는 확실히 달랐다. 지휘를 하는 타이밍의 미묘한 차이에 따라 이렇게 다른 소리가 나올 수 있다니 정말 놀라웠다.

그래도 지휘를 한 학생만큼 놀란 사람은 없었다.

"정말 기분이 이상해요!"

학생이 탄성을 질렀다.

"바로 그거예요."

마에스트로가 학생의 발언에 맞장구를 쳤다.

"직관적으로 느끼는 확신과는 거리가 먼 작업이지요. 오케스트라와 함께 간다는 느낌이 들어야 정상인데 말이죠. 하지만 그건 진정한 지휘자의 모습이 아니에요. 오케스트라가 연주하는 시간대보다 앞선 시간대를 알려주는 게 바로 지휘봉의 기능입니다. 그런 방식으로 지휘를 하려고 하니 당연히 기분이 이상하죠."

지휘과 학생은 새로 알게 된 지휘 방식에 동의하는 표시로 고개를 끄덕였다.

"그리고 학생은 지휘봉을 움직일 때 어떻게 동작을 결정하는지 궁금하군요. 소리로 보는 이미지라고 들어봤어요? 지휘자는 앞으로 펼쳐질 연주를 미리 들으며 그 소리를 상상하며 팔을 움직여야 한답니다. 요약하자면, 지휘자의 상상력이 펼쳐지는 시간인 제1시간대, 지휘봉을 흔드는 제2시간대, 오케스트라가 해당 소리를 내는 제3시간대를 적절하게 조율할 줄 알아야 해요!"

"그럼 지휘자는 세 종류의 시간대를 동시에 살아야 한다는 말씀이신가요?"

"바로 그거예요."

"가능한 일인가요?"

학생은 도저히 믿을 수 없다는 듯 다시 물었다.

"혹시 TV에서 유엔 사무기구의 회의 장면을 본 적이 있나요? 그곳에 있는 동시통역사를 생각해봐요. 연사가 말을 하는 동안 통역사는 동시에 다른 언어로 통역을 해요. 게다가 다른 언어로 통역을 하는 그 순간에도 통역사는 연설자가 하려는 말을 놓치지 않고 들어야 해요. 보통 사람은 하기 어려운 일이지요. 고도의 집중력을 요구하는 일인 데다 정해진 시간 내에 연설을 통역하려면 한 순간도 긴장의 끈을 놓을 수 없답니다. 동시통역사는 연설자의 말이 떨어지기가 무섭게 통역을 해야 하지만, 지휘자는 연주가 흐르기도 전에 앞으로 나올 소리를 예상해야 해요. 앞으로 일어날 일을 예상하고 책임을 지는 지휘자야말로 진정한 리더라고 할 수 있지요."

"만약에 지휘자가 미래를 예상하지 못하면 어떻게 되나요?"

"그렇게 되면 지휘봉으로 오케스트라를 변화시킬 수 없어요. 이를 눈치 챈 단원들도 지휘자에게 집중을 하지 않을 겁니다."

"제가 처음 리허설을 했을 때 그랬나요?"

마에스트로는 학생에게 지휘대에서 내려오도록 지시한 뒤 연주자들에게 수업이 끝났다고 말했다.

"곰곰이 생각해보세요. 이미 연주된 소리를 지휘한다는 건 지휘자가 리더가 아니라 치어리더를 자청한 것이나 다를 바 없어요. 특히 전문 연주자들을 지휘할 때는 지휘자로서 보여야 할 게 훨씬 더 많답니다."

"오늘 너무 감사했어요. 마에스트로 선생님."

나는 갑자기 뱃속에 구멍이 뚫린 기분이었다. 지금까지 절호의 기회를 놓친 걸 생각하니 속이 쓰릴 정도로 아쉬웠다. 오늘 아침에 있었던 회의만 해도 그랬다. 나는 지난 실수에만 집중을 했을 뿐 정작 미래를 예상하며 계획을 짜는 데는 소홀했다. 세심한 계획이 결국 미래를 결정짓는

데도 나는 회사의 현재에만 관심을 쏟았지 미래에 닥칠 과제에 대한 준비는 전혀 하지 않았다. 우리 회사가 달성할 수 있는 성과에 결정적인 영향을 미칠 준비 작업이었는데도 말이다.

과연 내가 이 일을 스스로 해낼 수 있을지 확신이 들지는 않았지만 그래도 회사 팀원들에게 빨리 미래에 대해 준비 작업을 하라고 알리고 싶었다. 내가 생각하는 비전을 리더십팀에게 말하지 않는 것이 회사에 꼭 필요한 과감한 업무 수행에 방해가 되는지는 사실 잘 모르겠다.

아직 일어나지 않은 일을 예상하는 게 과연 어떤 것인지 상상해보았다. 그리고 첫 음이 흘러나오기도 전에 오케스트라를 어떻게 지휘할지 생각하는 마에스트로를 떠올렸다. 나도 지휘자가 연주자를 대하듯 내 팀원들을 다룬다면 어떻게 될까? 나는 일에 몰두 중인 여러 개인으로 구성된 그룹을 상상했다. 이들은 자신이 몸담은 분야의 전문가들로 일의 능률성을 저하시키는 말싸움이나 영역 다툼은 더이상 하지 않는다. 그리고 다른 동료에게 피해를 주는 일은 삼가며 협력관계를 유지한다. 이렇게 탄생한 팀은 개인 한 사람 한 사람보다 더 강력한 힘을 발휘한다.

내가 지금까지 저지른 잘못을 발견해 의기소침해진 적도 여러 번 있었지만 이제는 오히려 지난날의 과오가 내게 낙천적인 희망을 제시할 정도가 되었다. 나처럼 회사를 이끄는 리더라면 모름지기 지휘자와 마찬가지로 요술을 부리는 재능이 있어야 한다. 그 재능의 비밀은 여러 시간대를 동시에 살 수 있다는 불가사의를 믿는 데서부터 시작한다. 리더는 객관적으로 실체를 확인할 시간도 잴 수 있어야 하지만 있음 직한 가능성만을 제시하는, 존재감이 없는 무정형의 시간도 잴 능력이 있어야 한다. 이처럼 아직 실현되지 않은 가능성을 제시하는 리더의 행동은 곧 주변 사람들에게 지치지 않는 힘을 불어넣는 원동력이 된다.

그는 안경알 너머에서 날카롭게 목표점을 응시하는 열광적인 눈의 소유자였다. 팔의 움직임은 모나지도 그렇다고 둥글지도 않은 선을 만들어내고, 몸짓은 세련되며 과장이라고는 조금도 찾아볼 수 없었다. 그가 보내는 신호는 결정적이고 단호하며, 자신이 생각하고 느끼는 것을 그대로 실현시킨다. 겉으로 잰 체하지 않고 신중하게, 하지만 열정과 에너지를 쏟아 음악으로 실현시킨다. 마치 신들린 것 같아 그 누구도 그에게 저항할 수 없을 것 같다. - 음악 저술가 바이스만이 오토 클렘페러를 묘사하며

마에스트로,
회사에 가다

마에스트로에게 들은 수업을 완벽하게 내 것으로 소화하기까지는 몇 달이 더 걸렸다. 수업에서 배운 내용을 실전에 적용하자 부서 책임자들의 행동에 변화가 일어났다. 업무에 대한 참여 의식과 에너지가 한 단계 업그레이드된 것이다.

책임자들은 각자 관리하는 부서에만 신경을 쓰는 것이 아니라 이제는 회사 전체를 생각하는 주인의식을 갖기 시작했다. 또 회의가 진행되는 동안에도 자신의 영역을 보호하는 데 골몰했던 과거에서 벗어나 이제는 기업 차원에서 중요한 안건에 대해 토론하는 일이 익숙해졌다. 우리는 한 부서에만 권한이 주어진 국부적인 문제나 기술적인 문제에 많은 시간을 할애하지 않았다. 하지만 문제의 원인이 회사 전반에 걸친 구조적인 문제에 기인할 때는 부서 책임자들이 협력적인 태도로 해결책을 찾았다.

정보 교류나 물자 조달에 문제가 생길 경우에도 마찬가지였다. 책임자들은 일련의 문제가 발생할 때마다 판박이 같은 대응을 방지하기 위해 회사 전체를 위한 규칙을 세웠다. 또 전반적인 시스템을 세부적으로 분석해 최대한 빨리 해결점을 찾아내는 추진력도 보였다. 이제 직원들은 임시방편을 세우는 데서 만족하는 것이 아니라 함께 해결책을 찾기 위해 노력했다. 한마디로 말해서 문제를 바라보는 시야를 넓히는 노하우를 배우는 중이었다.

부서 책임자들은 목표를 달성하기 위해 적절한 수단과 트림탭을 사용할 줄 알았다. 그 결과 회사 전체가 효율적으로 돌아가기 시작했다.

그리고 꼭 필요한 경우에만 예외적으로 부하 직원들에게 징계를 내리거나 잘못을 나무랐으며, 부하 직원들의 잘못을 수정하기 위해 엄격한 교육 체계를 도입했다.

나는 다른 사람의 말을 경청하는 게 얼마나 큰 위력을 발휘하는지 배웠다. 회의 때, 생기 있는 분위기를 유도하고 생산적인 결과를 얻는 데 중요한 몫을 했기 때문이다. 나는 그동안 직원이 상대의 말을 경청하고, 질문을 하며 캐묻는 행위가 본인의 약점과 불확실한 면을 보여주는 것이라고 착각하며 살아왔다. 하지만 오히려 이런 경청과 질문이 조직의 유연성과 창조성에 크게 기여한다는 점을 발견했다. 마에스트로가 일러준 것처럼 여러 시간대에 동시에 귀를 기울임으로써 나는 회사의 고질적인 불만을 해소하고, 계획할 만한 가치가 충분히 있는 회사의 앞날을 생각하게 되었다.

위에 언급한 내용 외에도 많은 변화가 회사에 일어났다. 부서 책임자들로 구성된 리더십팀은 끊임없이 바뀌며 예측이 불가능한 사업 환경에 걸맞은 비전과 전략을 짜내는 데 서로 협력했다. 내가 마에스트로를 만나면서 얻게 된 최고의 성과로 볼 수 있지만 이 정도는 아직 시작에 불과하다. 앞으로 회사의 전 직원이 리더들이 세운 전략을 끝까지 수행할지가 숙제로 남아 있기 때문이다.

이처럼 몇 달 만에 부서 책임자들이 담당 부서에 상관없이 모든 회의 안건에 협조적으로 나왔다. 그렇게 해서 각종 정보를 공유하고, 회사의 큰 그림을 함께 생각하는 데 성공했다. 이제 각 부서 직원들이 협조하는 일만 남았는데 이 과정에 6개월을 더 투자할 수는 없었다. 우리는 회사 밖에서 따로 수련회를 개최해 회사에 흩어져 있는 250명의 관리자를 교육하기로 결정했다.

책임자라면 모두 회의 때 결정된 새로운 전략과 비전을 확실히 이해하는 것은 말할 것도 없고 더 나아가 부하 직원들을 이해시켜야 한다. 그리고 우리가 세운 전략이 현장에 그대로 적용될 때 변경 사항이나 적응 과정에 대해서도 철저한 대비가 필요했다. 이제 '들은 대로 행하라'는 명령조의 지시는 더이상 통하지 않는다. 또 '내가 말한 대로 따르라' 는 마인드도 더이상 필요하지 않다.

수련회를 개최해 회사 구석구석에 있는 리더들을 모두 불러야 했다. 직위에 상관없이 리더들을 모두 불러 교류의 시간을 가진다면 앞으로 협조적인 관계를 기대할 만한 동맹관계를 형성할 수 있다. 그리고 유연하면서도 신속한 일처리는 물론 정확성과 신뢰를 기본으로 하는 기업 조직을 만들 수 있을 것이다. 무엇보다도 나는 회사 직원들이 수련회를 마치고 밖으로 나오면서 회사 운영 방식에 흡족해하며 좋은 이미지를 떠올리기를 원했다.

우리가 바라는 목표가 확실하게 결정되었음에도 불구하고 나는 여전히 몇 가지 의구심을 떨칠 수가 없었다. 부서 책임자들의 태도가 바뀐 지 몇 달밖에 되지 않았고 회사 밖에서 한 번 수련회를 개최한 것으로 회사의 앞날을 확신하기에는 여전히 시기상조였다. 다만 한 가지 분명한 것은 이제껏 볼 수 없었던 열정이 넘치는 자유로운 수련회가 될 것이라는 점이다. 나는 지금까지 얻은 교훈들을 하나씩 되짚어보았다.

'나의 회사생활을 새롭게 바꾸는 데 결정적인 영향을 미친 요소는 과연 무엇이었을까?'

질문에 대한 대답은 금방 나왔다. 오케스트라 리허설에 참여하면서 내 삶이 180도 변했기 때문이다. 내가 유용한 깨달음을 얻은 것처럼 회사 직원들도 내가 얻은 교훈을 알아줬으면 좋겠지만 어떻게 하면 될지 그게 고민이었다. 직원들과 함께 콘서트에 가는 것만으로는 부족했다. 나는 평소에 보기 힘든 놀라운 경험을 했지만 내가 배운 내용을 콘서트 관람을 통해 전달하기에는 한계가 있었다.

그 순간, 한 줄기 섬광처럼 머릿속에 떠오르는 아이디어가 하나 있었다. 수련회 때 직원들에게 내가 본 리허설과 똑같은 모습을 보여주면 되지 않는가! 오케스트라 단원들과 같은 공간에 앉아 내가 본 지휘자의 모습을 보게 하는 것이다. 이제부터 무슨 일을 해야 할지 머리 회전이 빨라지기 시작했다. 하지만 가장 먼저 풀어야 할 숙제가 가장 어려웠다. 바로 마에스트로의 허락을 받아야 하기 때문이다.

이런, 농담이시죠?

마에스트로는 내 생각을 가만히 듣기만 했는데, 얼굴이 점점 백지장처럼 변했다. 그는 생산적인 마인드로 다른 이의 이야기를 들어주는 사람이었지만 내가 계획하는 일에 대해서는 도저히 갈피를 잡을 수 없다는 표정이었다.

"잠깐만요."

그는 솔직한 심정을 말하기 전에 잠시 뜸을 들였다.

"농담이시죠?"

지휘자는 내가 한 제안에 대해 마치 있을 수 없는 일이라는 듯 의외의 반응을 보였다. 나는 다시 한번 절차에 대해 설명을 늘어놓았다. 수련회 때 강조하고 싶은 주요 개념과 아이디어는 모두 오케스트라 리허설 때 내가 의자에서 직접 목격한 것들을 바탕으로 한 것이었다.

그러나 지휘자를 설득하기란 쉽지 않았다. 마침내 그가 무겁게 입을 열었다.

"글쎄요. 이번 일은 전적으로 당신이 생각해낸 아이디어 같군요. 그런데 과연 내가 끼어들어도 될 일인지 잘 모르겠군요."

나는 지휘자라면 충분히 내가 요구하는 임무를 성공시킬 수 있을 거라고 다시 한번 그를 안심시켰다. 사실 내가 이 일을 계획할 수 있었던 것도 어찌 보면 다 지휘자 덕분이었다.

"마에스트로 선생님. 선생님이 제 청을 받아주신다면 제 회사를 도와주는 것 그 이상의 일을 하는 것입니다. 제가 리허설에 처음 왔을 때만 해도 저는 클래식 음악에는 문외한이었지요. 솔직히 말씀드리면, 저는 두렵기까지 했습니다."

내 고백에 지휘자가 피식 웃었다.

"진심이에요! 몇 주에 걸쳐 리허설에 참가하면서 저는 음악과의 진정한 소통이 무엇인지 배워나갔지요. 그때 저는 다른 콘서트에서는 결코 들을 수 없는 소리를 들었어요. 선생님이 제 부탁을 흔쾌히 들어주신다면 아마 클래식을 사랑하는 애호가들을 많이 양성할 수 있을 겁니다."

지휘자는 호기심 어린 표정으로 나를 빤히 바라봤다.

"당신이 듣는 법을 제게 가르쳐주셨어요! 전 앞으로 콘서트에도 꾸준히 가서 클래식 연주를 들을 생각이에요. 제가 한 제안을 승낙만 해주신다면 당신의 공연을 보기 위해 수많은 사람이 몰려들 겁니다. 정말이에요. 또 누가 알아요? 오케스트라 이사회에 들어가고 싶은 사람이 있을지도 모르고요. 그러니 양쪽을 다 고려해서라도 한 번 더 생각해봐주세요."

마에스트로는 먼 곳을 응시했다. 작품을 상상할 때마다 자주 보이던 행동이었다.

"지금까지 실시한 교육용 프로그램을 모두 참고해야겠군요. 개인 레슨, 학교 강의, 어린이 콘서트 교육, 연설 내용을 다시 한번 살펴봐야겠어요."

지휘자는 나를 똑바로 쳐다보며 말을 이었다.

"어떻게 하면 좋을지 구상 중입니다."

그는 손가락 끝을 한곳에 모으더니 입술에다 손가락을 가져갔다.

"생각할 시간을 좀더 주세요."

지휘자가 회사 회의실로 들어오자 기분이 이상했다. 그동안 테이블 앞에 앉아 회의를 할 때면 지휘자의 분장실이나 연주자들 틈에 앉아서 들었던 지휘자의 말을 되새기곤 했는데 지금은 눈앞에 그가 떡하니 앉아 있으니 낯설 만도 했다. 오케스트라의 중추 역할을 하는 자리에 서는 게 일상인 마에스트로가 오늘은 이윤을 얻는 게 주된 목적인 기업 조직의 중심에 앉아 있는 것이다.

그를 만난 것은 내게는 인생의 전환점과도 같았다. 이제는 음악과 회사 경영을 분리해서 생각할 수 없으며 두 작업이 내게는 하나의 일처럼 보였다. 나는 누가 뭐래도 회사를 관리하는 경영인이다. 삶의 터전인 회사에서 일하는 동안 나는 종종 업무와 음악을 관련지어 생각해본다. 오케스트라 리허설 때 배운 내용을 떠올리다보면 어느새 회사를 운영하는 데 유용한 발상을 얻게 된다.

음악과 회사 경영이 서로 아무 관련이 없는 분야로 볼 사람도 있을 것이다. 하지만 둘 다 타인과 소통하며 함께 일하고, 자아실현을 이루기 위한 인간의 활동이라는 점에서는 근본적으로 같지 않은가! 내가 이 부분에 회의적일 때는 리허설에서 배운 내용을 회사에 적용하는 데 매우 서툴렀다. 하지만 음악에서 배운 교훈은 확실히 나를 비롯한 팀원들에게 무한한 가능성을 제공했다. 이제 곧 회사의 전 직원이 이 방식을 공유할 수 있도록 자리를 마련하다니 얼마나 다행인지 몰랐다. 솔직히 마에스트로를 만나기 전까지 회사 일에 흥미를 느껴본 적이 언제인지 기억이 안 날 정도였다.

나는 회의실로 들어온 지휘자와 악수를 나누며 반갑게 인사했다. 테이블 앞에 앉은 지휘자가 내게 물었다.

"당신이 계획하는 일이 구체적으로 어떤 것인지 알고 싶군요."

"먼저 저희 회사와 오늘 회의 내용에 대한 기본 정보를 알려드릴게요.

그러고 나서 이번 수련회를 개최하면서 지휘자 선생님을 모신 목적을 자세히 설명해드리겠습니다. 혹시 중간에 이해가 잘 안 가는 부분이 있으면 주저하지 말고 바로 물어보세요. 아시겠죠?"

그는 고개를 끄덕이며 동의했다.

나는 기업 환경이 급속도로 변하고 있다고 말하면서 지금 회사의 모습은 조금씩 물이 차오르는 배와 같다고 묘사했다. 선박에 난 구멍을 막아 정상적인 운항을 해야 하지만 아직 그럴 만한 여건을 갖추지 못한 실정이다. 배를 수선하여 험한 바다를 헤쳐 나가는 것이 회사가 현재 계획하고 있는 비전이다. 그러기 위해서는 회사가 고객, 사업 파트너와 새로운 관계를 형성하는 게 중요했다. 고객이 필요로 하는 제품과 서비스를 저렴하게 제공할 수 있도록 우리는 힘을 합쳐 상호 보완적인 시스템을 마련해야 한다.

"지휘자와 오케스트라 단원들이 소통하고 조화를 이룬 것처럼 저희 회사도 동일한 과정을 밟아야 한다고 생각했습니다. 그게 제가 이번 수련회를 열게 된 이유이기도 하고요."

나는 수련회의 목적을 간단하게 요약했다.

"구체적으로 어떤 기술을 말하는 건가요? 지금까지 리허설에 참가하는 동안 어떤 점이 인상적이었나요?"

나는 연주자들과 지휘자를 통해 배운 수많은 교훈을 일일이 설명했다. 지휘자가 어떤 지시를 내리고 오케스트라 단원들이 즉각적이면서도 균형감각을 잃지 않은 반응을 보일 때마다 깊은 인상을 받았다. 나는 지휘자가 소리가 들리는 범위에 상관없이 단원들이 모두 협력하며 연주를 하도록 이끈 점, 단원들에게 예술적인 영감과 공동체 의식을 불어넣는 비전을 만드는 지휘자의 역할 등에 대해 이야기했다.

내가 말하는 동안 지휘자는 테이블에 있던 메모지에 열심히 무언가를 적었다. 그리고 내 대답이 끝난 후에도 몇 초간 더 메모를 하더니 고개를 들었다.

"집중력이 뛰어난 학생이었군요."

"글쎄요. 그보다도 실력이 뛰어난 스승을 만난 덕분이 아닐까요? 선생님의 말씀은 우리 회사를 경쟁력 있는 기업으로 만드는 데 많은 도움을 주셨습니다."

우리는 이 계획을 어떻게 하면 실제로 옮길 수 있을지 토론했다. 지휘자는 특히 수련회가 열릴 대회의실 등 세부 내용에도 관심이 많았다. 그는 수련회 장소의 크기, 조명, 각종 배치, 지휘자와 수련회 참가자를 위한 마이크, 발언자의 위치에 상관없이 마이크를 바로 건넬 수 있도록 도와줄 요원이 있는지도 꼼꼼히 확인했다.

지휘자가 세심하게 살피는 사항들을 내가 미리 확인했어야 했다고 생각했지만 그것도 잠시, 지휘자가 그 분야의 선수라는 생각이 들자 마음이 바뀌었다. 연주자와 청중 앞에 서는 게 직업인 지휘자는 사람들의 시선을 사로잡는 법을 잘 알고 있다. 그는 무대 위에서의 소통이 어떤 것인지, 또 극적인 분위기를 연출하고 그 분위기가 얼마나 중요한지를 누구보다 잘 아는 프로였다.

사람들이 대부분 무심코 넘길 만한 세세한 부분까지 신경 쓰는 것은 지휘자에게는 식은 죽 먹기나 다름없다. 이런 것들이 모여 평생 잊지 못할 감동적인 공연을 탄생시킨다. 지휘자는 악구를 끊거나 크레셴도를 조절할 때마다 세심한 주의를 아끼지 않는다. 지휘자는 공연할 때 배치할 지휘대 높이와 연주자 및 참가자들의 의자 배치까지 신경 썼다.

준비 회의를 마친 지휘자가 회사를 떠난 후에도 나는 지휘자의 공연 계획에 흥분과 기대감을 감출 수 없었다. 이때까지만 해도 나는 그런 공연이 펼쳐질 줄은 꿈에도 몰랐다.

정신을 똑바로 차리고 능숙하게 이완된 근육을 조일 줄 알아야 합니다. 하지만 지휘대에서 절대로 땀을 흘리지는 마십시오! 땀을 흘리는 것은 불필요하고 진부하고 낡아빠진 행동입니다.

- 이고르 마르케비치

아주 특별한
콘서트

수련회는 7월 중순에 열렸다. 호텔 바로 옆에 있는 대회의실은 250명의 리더들로 가득 찼다. 사흘 연속으로 진행되는 수련회에 참가한 이들은 나중에 자기 부서로 돌아가 부하 직원들에게 새로운 전략을 전수해줄 막중한 책임을 진 리더들이었다.

　회사에서는 새로운 목표를 설명하기 위해 다양한 워크숍을 준비했는데 부서 책임자들이 적극적으로 참여해준 덕분이었다. 책임자들은 직원들이 적극적인 개혁 의지를 수용할 수 있도록 각종 연설과 토론, 간단한 설명회를 맡았다.

부서 책임자들을 제외한 그 밖의 직원들은 총회에 오케스트라 공연이 포함된 사실을 전혀 몰랐다. 그리고 어떤 공연이 기다리고 있을지는 나조차도 예상하기 어려웠다. 수련회 일정표에는 간단하게 '리더십 훈련-장소: 호텔 메인 홀'이라고만 적혀 있었다.

연주는 수련회 중간쯤으로 예정되었는데 둘째 날 오후면 드디어 공연을 볼 수 있었다. 회의실 건물에 모인 직원들이 여러 그룹으로 나뉘어 토론을 진행하는 동안 호텔 메인 홀에서는 연주회 준비가 한창이었다. 나는 호기심을 이기지 못해 지휘자가 준비를 하는 메인 홀로 향했다.

계단식 극장을 연상시키는 홀 중앙에는 지휘대가 배치되어 있었다. 오케스트라 배치 구조에 맞게 의자가 정렬되어 있었다. 연주 파트별 중간 중간에 250개의 의자가 추가로 놓여 있어 메인 홀이 꽉 찬 느낌이 들었다.

연주자와 최대한 가까운 자리에 의자를 배치했는데 연주자들은 이미 홀에 도착해 있었다. 그중에는 연습을 하고 있는 이도 있었다.

"단원들이 달라진 의자 배치에 적응할 수 있도록 연습을 해야 합니다."

마에스트로가 내게 상황을 설명했다.

"연주자들이 내는 소리가 이렇게 넓은 공간에서 제자리를 찾고 다른 소리와 조화를 이루려면 한 시간 정도는 리허설이 필요할 것 같군요."

나는 리허설 모습을 보고 싶었지만 더는 지체할 수가 없었다. 대회의

실로 돌아가 직원과 업무 수행에 영향을 주게 될 새로운 전략을 주제로 한 토론회의 사회를 맡아야 하기 때문이었다. 토론이 끝나면 250명의 직원이 일제히 호텔 메인 홀로 갈 것이다. 나는 말 그대로 직원들과 한 배를 탄 몸이나 다름없다. 나 역시 그들처럼 앞으로 일어날 일을 예상할 수 없는 입장에 놓였기 때문이다. 과연 성공적으로 공연을 마칠 수 있을지 마음이 들떴다. 그래도 밝은 조명으로 장식된 홀에 들어가자마자 휘둥그레 눈을 뜨며 놀랄 직원들의 표정을 생각하니 내심 즐거웠다. 직원들이 악보 스탠드가 없는 의자에 앉아 어리둥절한 표정을 지을 게 뻔했기 때문이다.

양쪽 모두 속이기

이번 수련회를 계획하게 된 목적 중에는 회사의 새로운 사업 모델을 직원에게 선보이려는 취지 외에도 다른 이유가 하나 더 있었다. 나는 직원들이 이곳에서 시작해 창의적이고 신선한 사고를 펼쳐주길 희망했다. 나는 수련회에 참가한 리더들이 혁신적인 변화에 맞서 수동적인 태도를 보이는 걸 원하지 않았다. 그러려면 참가자들은 회사의 전략이 하나의 생명체처럼 살아 숨 쉬고 있다는 점을 인식하고, 내가 그들을 수련회에 부른 이유를 이해해야만 했다. 사실 나는 리더들이 점진적으로 진행 중인 변화과정에 동참해주길 손 모아 기다렸다. 부서 책임자들이 오늘날의 변화를 몸소 받아들인 것처럼 오늘 참가한 리더들도 같은 과정을 체험했으면 하는 게 내 솔직한 바람이다. 그래서일까? 나는 오케스트라 연주가 리더들의 자기만족과 고정관념으로 꽉 막힌 사고방식을 깨주기를 간절히 기대했다.

메인 홀이 사람들로 가득 차자 콘서트 연주복을 차려 입은 연주자들이 홀 안으로 들어왔다. 회사 직원들이 그랬던 것처럼 연주자들도 처음에는 당황한 듯 주춤거렸다. 그래서 나는 지휘자가 리허설 하는 동안 공연 때 어떤 일이 벌어질지 입도 벙긋하지 않았다는 걸 바로 알아차렸다. 연주자들이 공연에 대해 알고 있는 정보는 장소가 전부였다.

사람들이 모두 자리를 찾아 앉자 드디어 콘서트마스터가 일어나 연주를 준비시켰다. 회사 직원들이 잔뜩 기대에 찬 표정으로 조용히 이 광경을 지켜봤다. 나는 앞으로 나가 지휘자와 오케스트라를 소개하는 간략한 글을 읽었다. 고상한 박수 소리와 함께 마에스트로가 평소보다 더 높아 보이는 지휘대로 올라가 지휘를 시작했다. 나는 직원 전원이 한눈에 들어오는 자리에 앉아 그들의 행동을 주시했다. 직원들은 소리가 어디에서 나오는지 목을 길게 빼며 주변을 훑어보기 시작했다. 연주가 감동적인 엔딩을 장식하자 곳곳에서 우레와 같은 박수가 터져 나왔다. 그렇게 수련회 공연의 첫 곡이 무사히 끝났다.

지휘자는 연주가 불러온 흥분을 자연스럽게 가라앉히며 오케스트라 단원 안쪽에 앉아 있는 직원들을 반갑게 대했다. 지휘자가 직원들을 향해 물었다.

"여러분이 오케스트라를 앙상블로만 생각하지 않고 상상력을 발휘해 다른 존재로 가정해보는 건 어떨까요? 오케스트라를 21세기 최고의 정보 조직으로 가정해보세요. 그리고 여러분 모두가 찾는 대상이 이 조직에 있다고 생각해보세요. 경쟁 우위 말이에요."

지휘자는 말을 멈추며 잠시 뜸을 들였다.

"이를테면 경쟁력 있는 기업을 만들기 위한 비결을 찾는다고 해봅시다. 오케스트라를 최고로 만드는 데 공헌한 기술에는 어떤 게 있을까요? 팀워크가 원활하게 작동하도록 하는 능력, 효과적이면서도 시간을 단축시키는 소통 능력, 여러 직위에서의 리더십 발휘 능력, 조직이 하나의 목소리를 낼 수 있도록 비전을 전달하는 능력 등이 있겠지요. 자, 이제부터 여러분이 오케스트라의 성공 비결을 캐내기 위해 몰래 잠입한 스파이라고 생각해보세요. 그리고 여러분이 캐낸 기술을 직장생활에 접목시켜보세요. 오늘 여러분이 해야 할 숙제는 바로 이겁니다."

지휘자는 오케스트라 단원들에게 새 곡을 주문했다. 단원들이 악보를 넘기며 해당 곡을 찾았지만 공연 연주 목록에 없는 것이었다. 지휘자는 리허설 때 연습을 하긴 했지만 실제 공연 때 이 곡을 연주한다고는 말하지 않았다고 고백했다. 연주자들이 의미심장한 미소를 보이는 걸 보니 지휘자가 거짓말을 하는 것 같지는 않았다.

두번째 곡이 끝난 뒤 지휘자는 제1바이올린 연주자들이 자리에서 일어나도록 요구했다.

연주자들이 악보 스탠드 길이를 조절하고 자리에서 일어나는 동안 나는 그들의 얼굴에서 불편함과 혼란스러운 감정을 읽을 수 있었다.

지휘자가 나머지 사람들에게 말했다.

"여러분은 이제 마음의 눈을 뜬 채로 바이올린 연주자들이 손에 쥔 활만 빼고 방 안에 있는 모든 게 사라진다고 상상해보세요."

지휘자는 사람들이 자신의 요청대로 따라해주기를 기다리며 잠시 시간을 주었다.

"자, 준비 됐으면 바이올린 파트가 이 곡을 연주하는 동안 활을 자세히 보세요."

바이올린이 가르쳐준 팀워크

바이올린 연주자들이 연주를 준비하는 동안 사람들의 시선이 모두 한 곳으로 집중됐다. 드디어 활이 움직이기 시작했다. 연주자들이 한 치의 오차도 없이 동일하게 활을 움직였다. 활이 움직이는 각도마저 정확해서 보는 이에게 즐거움을 선사했다. 바이올린 연주자들을 기계 부품에 비유하자면 모터 하나로 쌩쌩 잘 돌아가는 복잡한 기계에 들어 있는, 형태가 동일한 부품들 같았다. 우연의 일치일까? 연주가 끝난 뒤 지휘자는 마치 내 마음을 읽은 것처럼 비슷한 생각을 내비쳤다. 하지만 다른 점이 있다면 지휘자는 활의 움직임이 조화를 이루는 이유가 동일한 모터가 돌리기 때문이 아니라 사람들로 구성된 집단에서 나오는 것이라고 설명했다. 그리고 연주자 개인이 각자 훌륭한 결정을 내려 타이밍을 잘 맞췄기 때문이라고 강조했다.

지휘자는 자신의 생각을 증명이라도 하듯 바이올린 연주자들을 향해 이렇게 말했다.

"자, 이번에는 그룹의 일원으로서 연주를 하는 것에 염증을 느끼는 것처럼 가정하고 연주를 해봅시다."

지휘자의 말이 끝나기가 무섭게 연주자들의 표정에 웃음이 가득했다. 하지만 웃음소리를 바깥으로 드러내지 않으려고 억지로 참는 기색이었다.

"지금은 여러분이 철저하게 독립적인 개인이 되어 연주를 하는 거예요. 물론, 바이올린 파트의 일원이기 때문에 옆에 있는 동료와 합주를 해야 하는 건 어쩔 수 없어요. 하지만 여러분이 원하는 대로 활을 움직여도 돼요. 그러면 분명 연주가 끝난 후에 '내 방식대로' 연주를 했다는 생각이 들 겁니다."

그러자 이번에는 회사 직원들 중 몇몇이 크게 웃었다. 이번 실험이 그들에겐 웃음이 나올 만큼 짜릿한 소재인 게 분명했다. 바이올린 연주자들이 악기를 들고 연주를 시작하기 직전에 직원들의 호기심은 절정에 다다랐다. 바이올린 연주자들이 중구난방으로 각자 활을 움직이자 그들의 손놀림은 부조화의 극치를 이루었다. 하지만 음악은 그런대로 조화를 이루며 아름다운 선율을 자랑했다. 전문 연주가들답게 수준 높은 공연을 보여준 것은 사실이지만 그전에 보여주었던 풍부한 표현력과 미묘한 표현의 차이에 대한 세심한 주의는 느껴지지 않았다.

드디어 연주가 끝나자 연주자와 회사 직원들은 믿을 수 없는 순간을 공유했다.

"자, 여러분은 팀원이 각자 자신의 방식을 고집하며 열심히 일할 때, 개인적으로는 성과가 비록 좋게 나오더라도 팀워크 면에서는 수준이 떨어진다는 사실을 목격했습니다."

지휘자는 예상했던 결과에 만족스러워하며 재치 있게 상황을 요약했다.

지휘자는 지휘대에 마련된 마이크를 들더니 바이올린 파트로 성큼성큼 걸어갔다. 의자에 막 앉은 바이올린 연주자에게 다가간 그는 예상치 못한 반응에 당황해하는 연주자에게 마이크를 내밀며 말했다.

"오늘 첫번째 연주를 했을 때는 어떤 기술이 당신에게 요구되었나요? 그리고 그 기술을 성공시키기 위해 당신은 무엇을 해야만 했나요?"

"글쎄요."

여성 연주자는 생소한 질문을 들은 것처럼 망설였다.

"처음에는 다른 연주자들과 호흡을 잘 맞추기로 마음먹어요."

그녀는 잠시 말을 멈추고 좀더 고민을 했다.

"그런 다음 동료들의 연주를 주의 깊게 듣지요. 그리고 전체 화음을 조화롭게 만들기 위해 내가 할 수 있는 게 뭔지 찾는답니다."

"왜 다른 연주자와 호흡을 맞춰야 한다고 생각하죠? 그냥 자기가 원하는 방식대로 연주하는 게 더 신나지 않나요?"

"아니요. 절대 그렇지 않아요."

여성 연주자는 한 치의 망설임도 없이 대답했다.

"그건 생각만 해도 끔찍해요! 그런 식으로 연주했다간 아무도 나를 지지해준다는 느낌이 들지 않아요. 그리고 어떻게 연주해야 할지 확신도 사라지고요. 우리는 다른 사람의 에너지를 느끼며 작품을 완성하는 사람들이니까요. 그리고 팀워크가 확실한 그룹에 들어가면 자신의 실력을 최대한 발휘할 수 있지요. 그럼, 뭐랄까 내 자신이 가치 있는 일에 기여를 했다는 느낌이 들어 뿌듯하답니다. 특히 오케스트라 공연을 할 때면 독주를 할 때보다 더 많은 걸 얻는 것 같아요. 실력도 더욱 향상되고요. 오케스트라가 훌륭한 공연을 할 때면 내가 그 속에 속해 있다는 게 참 자랑스러워요. 그래서 더 많은 기여를 해야겠다는 생각이 들지요."

"대답 고마워요."

지휘자는 연주자의 대답이 무척 마음에 드는지 부드러운 목소리로 대답했다. 그리고 마이크를 다시 지휘대에 올려놓았다.

지휘자가 시도한 간단한 실험이 회사 직원들의 마음에 진한 감동을 주는 걸 보자 나는 놀라움을 감출 수 없었다.

만약 마지막 연주가 암시하는 교훈을 내가 직원들에게 말로 설명했다면 보나마나 판에 박힌 상투적인 얘기로 받아들였을 것이다. 하지만 음악가의 입에서 이런 예기치 못한 말이 나오다보니 메인 홀에 있던 리더들은 그 얘기를 더이상 지루한 연설로 생각하지 않았다. 오히려 그 자리에 있던 모든 직원이 전체가 바라는 원대한 목표를 이루기 위해서 개인이 자신을 희생하는 게 얼마나 가치 있는 일인지 새삼 깨달았다.

지휘자가 이번에는 홀 가장자리로 시선을 옮기더니 지휘대에서 가장 먼 곳에 앉아 있는 여직원을 선택했다. 그는 사람들로 빽빽한 오케스트라를 비집고 여직원을 지휘대로 이끌고 올라왔다.

"제가 당신을 선택한 이유는 오직 한 가지예요. 지휘대에서 가장 먼 곳에 앉아 있었기 때문이에요. 왜 그런지 생각해보세요."

지휘자는 지금부터 재미난 질문을 할 참인지 입꼬리가 한껏 올라갔다.

"회사에서 일하다보면 자신이 속한 부서가 일의 핵심에서 한참 소외된 것 같은 기분이 들 때가 자주 있을 겁니다. 그래서 회사가 돌아가는 상황을 가장 나중에 파악하는 사람이란 생각이 들 때가 있지 않나요?"

지휘자의 말에 전적으로 공감한다는 듯 곳곳에서 수군거리는 소리가 들렸다.

"자, 파멜라 양."

지휘자는 여직원의 이름표를 한 번 본 뒤 친절하게 설명을 늘어놓았다.

"당신이 지금부터 할 일은 조금 전에 들었던 곡을 다시 한번 듣는 거예요. 그리고 소리가 아까와 어떻게 다른지, 단상에서 본 오케스트라는 어떤 모습이며, 또 어떤 인상을 받았는지 솔직하게 말해주면 됩니다."

연주가 시작되자 파멜라는 바로 앞에 펼쳐진 광경에서 눈을 떼지 못했다. 몇 주 전 내가 텅 빈 연주회 무대의 지휘대에 올라가 상상으로만 떠올렸던 장면을 그대로 보고 있는 게 분명했다.

"자, 이제 소감을 말해보겠어요, 파멜라 양?"

"여기서 들으니까 확실히 다르긴 하네요."

"어떻게 달랐죠?"

"음, 그게요."

여직원은 생각을 정리하려는 듯 뜸을 들였다. 말로 이루 다 표현할 수 없는 것들을 설명하려니 시간이 걸릴 수밖에 없었다.

"지휘대에서 들으니까 모든 소리가 생생하게 다 들려요."

"의자에 앉아서 들을 땐 어땠나요?"

"그 뭐더라…… 제 옆에 있던 악기 이름이 뭐였죠? 아, 맞아요! 프렌치호른! 제 자리에서는 프렌치호른 소리밖에 안 들렸어요."

"그래서 어땠나요?"

"거의 프렌치호른 소리만 들렸는데 그래도 듣기엔 참 좋았어요. 하지만 그게 전부였어요."

"여기 지휘대에서 들을 때는 프렌치호른 소리가 들렸나요?"

"네, 그럼요! 하지만 다른 악기들과 화음을 이룬 소리가 정말 멋졌어요. 여기서는 현악기 소리도 또렷하게 들리네요."

"목관악기 소리도 들렸나요?"

"네."

"원래 있던 자리에서도 들렸나요?"

"아뇨, 프렌치호른 소리만 들리던 걸요."

여직원은 수줍은 미소를 보이며 말했다. 파멜라의 솔직한 답변에 정겨운 웃음소리가 곳곳에서 들렸다.

"지금부터 지휘대가 왜 그렇게 중요한지 다함께 알아봅시다."

지휘자는 이 흥미로운 비교가 무엇을 의미하는지 본격적으로 설명할 참이었다.

"파멜라 양이 이곳에서 모든 악기 소리를 들은 건 결코 우연이 아니에요."

지휘자는 지휘대를 가리키며 말을 이었다.

"이 홀은 지휘대를 특별한 곳으로 만들기 위해 마련된 공간이에요. 여기 보이는 지휘대는 연주석에서 나는 모든 소리가 모이는 곳이지요. 게다가 지휘대에 있으면 오케스트라의 구조를 체계적으로 파악할 수 있어요. 모든 소리가 다 들리는데 특정 악기가 다른 악기의 소리를 능가하는 일은 거의 없지요. 그래서 지휘대가 있는 거랍니다.

하지만 지휘대가 있는 조직이 오케스트라만 유일한 건 아니에요. 모든 조직에는 구성체의 공동생활을 원활하게 이끌어나가기 위해 하나 또는 그 이상의 지휘대가 있어요. 그리고 리더들이 바로 그 지휘대에 올라가는 사람들이죠. 오늘 이 자리에 오신 여러분은 회사에서 리더 역할을 하는 분들이지요. 소중히 관리해야 하는 부하 직원들 앞에서 여러분은 지금의 저처럼 지휘대에 오른 사람일 것입니다."

많은 직원이 조용히 고개를 끄덕였다.

"파멜라 양, 당신이 현악기 연주자 한 명과 호른 연주자 한 명에게 합주를 지시해야 한다고 가정해봅시다. 지휘대에서는 이 일이 어려운 게 아니에요. 두 악기의 소리가 확실하게 들리기 때문에 조화로운 연주를 유도할 수 있어요. 그런데도 연주자들이 당신의 말을 알아듣지 못하고 계속 불협화음만 낸다면 당신은 화가 무척 날 겁니다. 왜 그런지 아세요? 당신이 지휘대에서 들은 소리만으로 판단하기 때문이에요."

지휘자는 마지막 말에 힘을 주었다.

"그래서는 연주자들이 겪는 문제를 알 수 없어요. 호른 연주자가 있는 파트에서는 현악기 소리가 들리지 않아요. 그래서 파멜라 양이 지시하는 내용을 그대로 따를 수가 없지요. 그렇게 되면 결국 지휘대와 연주자 사이의 소통에 문제가 생길 수밖에요.

젊었을 땐 참 바보처럼 지휘를 했어요. 연주자가 제 말을 따르지 않을 때마다 그들이 어리석다고 생각했으니까요. 그래선지 연주자들에게 스트레스만 줬지 제대로 된 지휘를 하지 않았던 것 같아요! 하지만 나이가 들면서 제 잘못이라는 걸 깨달았지요. 리더 역할을 해야 하는 지휘자라면 당연히 지휘대에서 듣는 소리와 오케스트라 연주석에서 들리는 소리를 아우를 만한 상상력을 발휘해야 한다는 걸 이제는 안답니다. 파멜라 양, 저기 멀리 있는 당신의 의자를 잘 보세요."

여직원은 지휘자의 재치 있는 말솜씨에 미소를 지었다.

"저기 의자가 보이죠? 이번에는 그곳에서 들었던 소리를 떠올려보세요."

파멜라의 얼굴을 보자 그녀가 정말 진지하게 생각하고 있다는 걸 알 수 있었다. 또 그 생각이 파멜라가 지금껏 해보지 못한 새로운 발상이란 것도 짐작할 수 있었다. 홀 주변을 둘러보자 많은 직원이 파멜라처럼 새로운 발상을 떠올리는 게 어렴풋이 느껴졌다.

"자, 지휘자가 된 것처럼 생각해보세요. 홀 주변을 눈으로 쭉 훑은 다음 의자마다 어떤 소리가 들릴지 상상해보세요."

지휘자가 파멜라에게 또다른 과제를 주었다.

그러자 홀 안이 순식간에 조용해지면서 모든 사람의 시선이 파멜라 쪽을 향했다.

"이 과제는 여러 사람이 모여 공동 작업을 할 때 무엇을 해야 하는지 그리고 다른 사람을 알아가는 과정이 얼마나 중요한지 깨닫게 해줍니다. 그리고 지휘대에서 바라본 주변이 얼마나 다른지 알았기 때문에 높은 곳에 서 있는 리더가 각각 자리에 앉은 사람들을 이어주는 데 큰 도움을 줄 수 있다는 걸 배우게 될 겁니다."

여직원은 공감한다는 듯 고개를 끄덕였다.

"자, 이제 다음 숙제가 남아 있어요. 다시 원래 있던 자리로 돌아가세요. 하지만 그곳에 있더라도 단상에서 들었던 소리를 잊지 말고 연주를 들어보세요. 그럼 연주의 전체적인 조화, 즉 큰 그림을 그릴 수 있을 거예요. 실제로 모든 소리가 다 들리지 않아도 돼요."

"제가 소리를 다 들을 수 없는데 어떻게 가능하죠?"

"파멜라 양은 지휘대에서 들었던 소리를 기억해낸 다음 상상만 하면 돼요. 그게 바로 오케스트라 연주자들이 지닌 팀워크의 핵심이지요. 자기 자리가 어디든 상관없이 전체적인 조화를 이루는 큰 그림을 상상할 수 있으니까요."

파멜라는 이제야 이해가 간다는 듯 고개를 끄덕이며 지휘대에서 내려왔다. 자리로 돌아가는 내내 주변에서 따뜻한 박수 소리가 끊이질 않았다. 회사 동료들은 물론 연주자들도 파멜라에게 박수를 보냈다. 지휘자가 홀 안에 있는 사람들을 모두 하나로 만드는 데 20분밖에 걸리지 않았다는 사실이 도무지 믿기지 않았다.

"자, 이번에는……"

지휘자는 청중이 조용해질 때까지 기다렸다.

"오케스트라의 팀워크는 상대 연주자의 소리에 자신의 소리를 맞출 줄 아는 능력에서 나옵니다. 전원이 똑같은 기준을 문제없이 지킬 수 있도록 각자 세심한 주의를 아끼지 않지요. 만약 그렇게 하지 않는다면 어떤 일이 벌어질까요? 자신의 소리가 남보다 우월하다며 악기마다 순위를 매기며 경쟁을 한다면 어떻게 될까요?"

나는 지휘자가 앞으로 무슨 얘기를 꺼낼지 짐작이 갔다. 지휘자가 이런 자리를 빌려 회사의 민감한 분위기 문제를 꼭 짚어주는 것 같아 내 마음 한구석이 후련했다.

음의 조율과 조직의 규칙

"확실한 이해를 돕기 위해 제가 연주자 몇 명에게 힘든 요구를 해보겠습니다."

지휘자는 수석 오보에 연주자에게 말했다.

"목관악기와 금관악기 파트에게 평소 연습하는 A440 음높이보다 4분의 1 정도 음정이 낮은 가(A)장조를 들려주세요."

목관악기 연주자들이 일제히 신음소리를 내며 반응을 보였다. 나는 그 이유를 알고 있었다. 호른 연주와 얘기를 나누던 도중 오케스트라가 1초당 440헤르츠로 진동하는 가(A)장조를 표본으로 삼는다는 말이 기억났기 때문이다. 모든 악기는 이 가(A)장조를 기본으로 조율되어 있다. 그런데 지휘자가 뜬금없이 목관악기와 금관악기에게 악기의 특성을 무시한 연주를 요구하니 걱정이 앞서는 게 당연했다. 연주자들은 상황을 받아들이기가 힘들다는 걸 온 몸으로 표시했다. 오보에 연주자가 지휘자의 요구대로 음색을 새롭게 조율한 가(A)장조를 연주했다. 그러자 목관악기 연주자들이 질겁하며 몸을 움츠렸다.

"자, 이번에는 악기를 새롭게 조율한 파트만 연주를 해봅시다."

금관악기와 목관악기 파트가 오늘 우리가 들었던 곡을 다시 연주했다. 처음에는 낯선 소리라 듣기가 거북했지만 30초 정도 지나자 그런대로 들을 만했다. 껄끄러운 앙금이 모두 바닥으로 가라앉은 것처럼 단원들의 전문가다운 연주 실력이 다시 본색을 드러냈다.

"아주 잘했어요."

연주자들에게 칭찬의 말을 건넨 지휘자가 다시 직원들을 향해 고개를 돌렸다.

"방금 여러분은 익숙하지 않은 새로운 환경에 조직이 적응하는 과정을 살펴보았습니다. 이런 경험은 살면서 흔히 겪는 건 아니죠. 이러한 과정은 일종의 도전이며 불편한 부분을 견디면서 고충을 해결하는 시간입니다."

지휘자는 시선을 현악기 파트로 돌렸다. 현악기 연주자들은 지휘자의 실험이 재미있다는 듯 좋아했다.

"목관악기와 금관악기는 방금 했던 것처럼 연주를 하고, 현악기 연주자들은 따로 조율을 하지 않고 원래 하던 대로 하면 어때요? 과연 어떤 화음이 탄생할까요?"

연주자들이 적극적으로 저항한 것은 아니지만 불만스러운 표정이 역력했다. 드디어 연주가 시작됐는데 결과는 놀라웠다. 내 딸아이가 다니는 고등학교 합주단의 연주를 처음 들었을 때처럼 듣기 거북한 소리가 흘러나왔다. 아마추어 학생들이 어떻게든 잘해보려고 애를 쓰지만 결과적으로 소리는 별로였던 그 잊을 수 없는 음악 말이다.

연주가 끝나자 홀 안 분위기가 갑자기 뒤숭숭해졌다. 하지만 이 분위기가 탐탁지 않은지 지휘자가 분위기 전환을 위해 다시 말문을 열었다.

"방금 들으신 음악은 조직 구성원들이 충실하게 지켜야 할 표준음과 과정을 지키지 않았을 때 나타나는 결과를 말해줍니다. 여기서 더 놀라운 점은……"

지휘자는 중요한 말이 남아있는 듯 마지막 말에 힘을 주었다.

"단원 개개인을 놓고 봤을 때는 모두 훌륭하게 작품을 소화했습니다. 이번 연주의 문제점은 개인의 자질 부족에서 나온 것이 아니라 개인의 차이를 고려하지 않은 조직 전체의 무능력에 그 원인이 있습니다."

홀 안에는 더이상 킥킥거리는 웃음이 들리지 않았다. 나는 분위기를 원하는 대로 바꾸는 지휘자의 능력에 넋을 잃었다. 회사 직원들은 조직의 비생산적인 기능이 어떤 결과를 낳는지 평생 뇌리에 남을 정도로 확실한 예시를 목격했다. 직원들은 지휘자의 다음 말을 듣고 싶어 안달이 난 사람처럼 의자 앞으로 몸을 기울였다.

"우리 오케스트라는 연주회용 표준음을 정해 엄격하게 지키는 걸 무척 자랑스럽게 생각합니다. 우리가 정한 기본음은 저와 단원들이 모두 자발적으로 동의한 내용이기도 합니다. 조화로운 화음을 얻기 위해 지불해야 할 몫이지요. 자, 오보에 연주자는 원래 쓰던 가(A)장조에 맞게 악기 조율을 하세요."

오케스트라 단원들이 다시 연주를 준비했다. 여태껏 영화, 연주회, 리허설을 통해 수없이 본 장면이지만 지금처럼 특별했던 순간은 한 번도 없었다. 연주자들은 오케스트라의 규범을 벗어나지 않도록 악기 조율을 했고, 자신의 행동이 전체를 위한 규범을 지키고 있다는 걸 그대로 보여주었다.

연주자들의 악기 조율이 끝나자 마에스트로가 입을 열었다.

"이번에는 악기 종류에 상관없이 모든 연주자가 다(C)장조를 내봅시다. 그리고 사(G)장조도 해보고요. 그럼 어떤 소리가 날까요?"

지휘자가 지휘봉을 들자 연주가 시작되었다. 더이상 그전에 들었던 듣기 거북한 소리가 아니었다. 마치 모든 불순물이 바닥으로 가라앉아 평온하면서도 투명한 강의 수면을 떠올리게 하는 소리였다. 그뿐만이 아니었다. 소리의 투명성은 시간이 흐를수록 강바닥 아래가 훤히 보일 정도였다. 이번 연주에는 평온함이 느껴졌는데 아무도 부인할 수 없는 안식을 가져왔다.

곡이 끝나자 홀 안이 조용했다. 곧 사람들의 부드러운 박수 소리가 나오면서 정적이 깨졌다. 이번 연주는 정말 대단했다. 하지만 지휘자는 악기 조율에 대해 더 할 말이 있었는지 오케스트라 단원들을 향해 걸어갔다. 그러곤 손에 쥔 마이크를 수석 플루트 연주자에게 건넸다. 당황한 플루트 연주자가 몸을 뒤로 젖혔고, 금세 얼굴이 빨개졌다.

"어떻게 방금 한 연주가 가능했죠? 이런 멋진 분위기를 연출하기 위해 당신은 무엇을 했나요?"

지휘자의 질문에 여성 연주자는 어떻게 설명해야 할지 몰라 한참 망설였다.

"글쎄요. 먼저 모든 단원이 동일한 가(A)장조로 악기 조율을 한 게 도움이 많이 되었죠."

홀에 있던 많은 사람이 웃음을 터트렸다.

"그리고 우리 모두 다른 연주자들의 소리를 주의 깊게 들었어요."

"모두 전문 연주자인데 화음을 이루는 일쯤이야 식은 죽 먹기 아닌가요?"

지휘자의 질문이 그저 놀랍기만 한 듯 플루트 연주자가 반격을 시작했다.

"아뇨, 전혀 그렇지 않아요! 매우 어려운 일이에요!"

"왜 그렇죠? 그러니까 내 말은 당신들은 훌륭한 실력을 갖춘 전문 연주자잖아요. 그러니 서로 화음을 이루는 데 힘든 점이 뭐가 있겠어요. 그래도 어렵다는 건가요?"

"개인의 실력이 아무리 뛰어나더라도 전체적인 조화를 이루는 건 별개의 문제랍니다."

"직관적으로 인식 가능한 소리에는 한계가 있는 걸로 아는데요. 그럼, 당신이 연주를 할 때 쏟는 집중력 중 화음을 이루는 데 신경 쓰는 부분은 대략 몇 퍼센트나 됩니까?"

플루트 연주자는 잠깐 생각을 하더니 바로 숫자를 내뱉었다.

"아마도 75퍼센트에서 100퍼센트는 화음에 신경 쓴다고 보시면 돼요."

홀에 있던 사람들이 연주자의 대답에 놀랍다는 듯 술렁거렸다.

"그렇게나 많이요?"

지휘자가 말했다.

"네. 연주할 때 가장 신경 쓰는 부분이 바로 다른 소리와 화음을 이루는 일이에요. 아무리 자기 소리가 멋져도 자신과 화음을 맞춰야 하는 상대의 소리를 듣지 않으면 다 헛수고예요."

"조화로운 화음을 내기 위해 당신은 무엇을 해야 하나요?"

"우선 상대방의 소리를 최대한 귀 기울여 들어요. 세부적인 것까지 꼼꼼히 듣다가 함께 화음을 맞춰야 하는 순간이 오면 기다렸다는 듯 조화로운 화음을 만든답니다."

"당신의 선택이 옳다고 가정했을 때 하는 말입니다. 당신이 다른 악기와 곡조를 맞추고 있는 순간, 상대에게 당신과 맞춰달라고 요구하지는 않나요?"

지휘자의 질문에 여성 연주자는 웃기만 했다.

"누구의 선택이 옳다고 단정 짓는 건 있을 수 없는 일이에요. 한 사람의 선택이 옳다고 말하기보다는 모두가 화음이 잘 맞는 적절한 타이밍을 찾았다고 말하는 게 낫겠죠? 화음을 제대로 맞추려면 모든 단원이 개인의 소리가 아닌 전체적인 소리를 우선해야 하니까요."

"만약에 자신의 선택이 전적으로 옳다고 주장하는 연주자가 나오면 어떻게 되나요?"

"그럼, 그때부터 지옥이 시작되는 거죠."

여성 연주자의 대답에 사람들이 여기저기서 피식 웃음을 터트렸다.

"그보다 더 짜증나는 일이 또 있을까요? 그런 사람과는 화음을 이루는 게 불가능해요. 아무리 머리를 써가며 설득해봐도 소용없어요. 게다가 음의 정조법을 두고 혼자서 황소고집을 피우는 연주자가 생기면 그건 오케스트라에게 저주를 퍼붓는 행위나 다름없지요. 하지만 다행히도 그런 경우는 매우 드물어요."

"왜 드물죠?"

"훌륭한 연주자라면 화음을 맞추는 능력은 물론 그 일에 대한 열정과 관심은 기본적으로 갖추고 있으니까요. 음표에 맞게 연주할 줄 안다면 그와 동시에 화음을 맞출 줄 알아야 하니까요."

"좋은 말씀 고마웠어요."

지휘자가 마이크를 다시 건네받자 홀에 있던 모든 사람이 일시에 박수를 쳤다.

고집 센 회사 직원들이 지휘자의 얘기를 잘 듣고 있는지 걱정할 필요가 없었다. 전원이 그의 말을 경청하고 있는 게 확실했다. 게다가 하나같이 골똘히 생각에 잠긴 표정을 짓고 있는 걸로 보아 각자 지휘자처럼 될 수 있을지 자신의 능력을 평가해보는 듯했다.

지휘자는 연주자들이 팀워크는 물론 의사소통과 개인별 통제 능력에 있어서 나무랄 데가 없다며 칭찬을 늘어놓았다. 이 세 가지 요소야말로 '경쟁력 있는 조직을 만들기 위한 중요한 자질(경쟁 우위)'이었다. 지휘자는 오케스트라의 능숙한 솜씨를 다음 연주에서 확인할 수 있다고 말하더니 지휘자가 없는 상황에서도 아름다운 연주를 완벽하게 소화해낼 거라고 장담했다. 그러고는 아무 말 없이 지휘대에서 내려온 그는 홀 한쪽 구석으로 걸어가 사람들에게 등을 보이며 섰다.

연주자들은 정신을 집중하고 연주를 시작하기 몇 초 전에 주위를 둘러보았다. 나는 이 장면을 포착할 수 있도록 슬로모션 카메라가 지금 내 손에 있다면 얼마나 좋을까 생각했다. 그 짧은 시간 안에 오케스트라 전원이 주어진 상황을 정확하게 인식했다. 지휘자가 없는 상황에서 연주를 이끌 새로운 리더십을 구축해야 했으며 단원들끼리 쌍방의 소통이 가능하도록 새로운 연락망을 세워야 했다. 이 모든 과정은 말과 몸짓을 수단으로 삼지 않았다. 무언의 이해과정은 그저 눈빛의 교환을 통해서만 이뤄졌다.

나는 오케스트라 단원들이 정신을 집중할 때까지 조용히 기다리는 콘서트마스터를 뚫어져라 쳐다봤다. 바이올린을 활로 켜는 콘서트마스터의 모습은 마치 깊은 숨을 들이쉬는 것 같았다. 그 순간, 관악기 연주자들이 모두 숨을 들이마시는 소리가 들렸다. 숨소리는 일순간 홀 여기저기에서 들렸다. 그러더니 오케스트라는 한 치의 망설임 없이 동시에 연주를 시작했다.

　악기를 연주하는 단원들은 상대방에게 서로 무언의 신호를 보내는 것 같았다. 연주자들이 다른 악기 소리에 신경 쓰고 있다는 건 얼굴만 봐도 바로 알 수 있었다. 다양한 악기가 한데 어우러져 멋진 화음을 이룬 소리가 홀 안 가득 울려 퍼졌다.

영혼을 불러내는 지휘봉의 마술

　홀에 있는 회사 직원들은 궁금해 죽겠다는 듯 호기심이 가득한 표정을 지었다. 그중 몇몇은 속임수가 있지는 않은지 의심하며 회의적인 시선을 보냈다. 하지만 연주가 끝나고 우레와 같은 박수가 쏟아지자 사람들은 공연이 진짜라는 걸 믿지 않을 수 없었다.

　지휘자는 지휘대로 올라갔지만 몇 초간 아무 말도 하지 않았다.

　그러더니 갑자기 애절한 목소리로 말했다.

　"지휘자에게는 꽤나 도전적인 공연이었어요."

　사람들이 여기저기서 웃기 시작했다. 특히 연주자들이 매우 즐거워하며 웃어댔다.

　"정말이에요."

　지휘자는 웃음이 사라질 때까지 기다렸다가 다시 입을 열었다.

　"지휘대에 아무도 없는데 이렇게 연주를 잘하다니! 지휘자의 존재에 대해 다시 한번 생각해보게 하는 시간이었어요. 아닌가요?"

그러자 또 여기저기서 웃음이 터졌다.

"지휘자의 역할이 연주에 어떤 가치를 부여할까요?"

지휘자가 지휘봉을 집어 들면서 말했다.

"지휘자라면 늘 자신에게 하는 질문이지요. 하지만 이 질문을 회사 관리자에게 해보는 것도 좋다는 생각이 들었어요."

그러자 홀 안에 들리던 웃음소리가 감쪽같이 사라졌다.

"지금 저는 오른손에 아주 큰 이쑤시개처럼 생긴 막대기를 들고 있어요."

지휘봉을 가리키며 그가 말했다.

"이 막대기는 악기가 아니에요. 아무런 소리도 낼 수 없는 걸요."

잠시 말을 멈춘 그가 다시 입을 열었다.

"그렇다면 이 지휘봉은 무엇에 쓰는 물건일까요?"

홀이 얼마나 조용한지 바늘이 바닥에 떨어지는 소리도 들릴 것만 같았다. 지휘자는 사람들이 질문을 충분히 이해할 때까지 기다렸다. 리더십을 발휘해야 할 때 어떤 무기를 사용할 지 각자 생각할 시간을 준 것이다. 그러자 지휘자가 다시 말했다.

"행동이 어렵지 말은 쉽죠. 그래서 제가 지금부터 지휘봉이 어떤 부가가치를 부여하는지 직접 알아보겠습니다."

지휘자는 두 팔을 들어 연주를 준비하라는 신호를 보냈다. 지휘를 시작하자 오케스트라 단원들도 연주를 시작했다. 방금 전 지휘자 없이 연주했던 음악과 동일한 곡이었다. 하지만 소리는 확실히 달랐다. 홀 주변을 둘러보자 회사 직원들의 얼굴도 이전과 다르게 변해 있었다. 마치 그토록 찾아 헤맨 진실을 말해주는 예언자를 만난 사람들처럼 표정이 밝았다. 연주가 끝나자마자 직원들은 마음에서 우러나오는 진심 어린 박수를 보냈다.

"이 박수 소리는 연주자 여러분들을 위한 것임을 명심하세요."

지휘자가 단원들을 향해 소리쳤다.

"청중의 심금을 울린 건 바로 여러분의 음악입니다. 제 말이 맞죠, 도리스 부인?"

그런 다음 지휘자는 회사 관리자 중 한 명에게 다가가며 마이크를 건넸다. 이 여성은 다른 사람보다도 더 깊은 감명을 받은 듯 흥분한 모습이었다.

"아! 세상에!"

여직원의 입에서 나온 말은 뜻밖에도 감탄사가 전부였다.

"정말 아름다운 연주였어요."

"하지만 그전에 했던 연주도 멋있지 않았나요?"

지휘자가 태클을 걸어오는 사람처럼 반격했다.

"지휘자 없이 했던 연주 말인가요?"

"네."

"네, 그 연주도 훌륭했어요. 하지만 이번 연주는 뭔가 특별했어요."

"그전과 동일한 음악을 연주한 게 맞나요?"

"네. 하지만 마지막 연주에서는 영혼이 느껴졌어요. 뭐라고 설명을 해야 좋을지 모르겠네요."

"영혼이 있는 음악이었다는 거죠? 그럼 그 때문에 그전과 크게 달랐다는 건가요?"

"오, 세상에! 맞아요! 바로 그 차이 때문에 소리가 다르게 들렸어요."

"대답 감사합니다."

지휘자는 친절한 목소리로 마지막 인사를 한 다음 마이크를 건네받았다. 그러곤 다시 지휘대로 올라갔다.

"나와 여러분처럼 팀원을 이끄는 리더는 새로운 변화를 모색해야 하는 시기가 있습니다. 이때 리더로서 세운 계획을 알리고, 자세히 설명하며 팀원들의 질문을 받습니다. 그리고 계획이 실행되도록 중간 관리자를 보냅니다. 하지만 그후 6개월이 흘러도 계획이 늘 제자리를 맴돌기 일쑤지요.

이 때문에 리더십이란 실제로 작동하지 않는 허구라고 생각하기 쉽습니다. 능력 있는 팀원들을 단결시켜 함께 일을 하도록 유도한다고 말하지만 그건 어디까지나 자기 합리화를 위한 변명에 불과하죠. 방금 이곳에서 일어난 일을 직접 눈과 귀로 확인하셨으니 제 말을 전적으로 부인할 수 없을 겁니다. 이런 진부한 리더십으로는 팀원을 변화시킬 수 없습니다. 도리스 부인이 말한 대로 지휘자가 있을 때 연주는 확실히 다릅니다. 연주자들이 분명 동일한 악보를 연주했지만 지휘자의 존재가 큰 차이를 만든 겁니다. 바로 연주자들을 하나로 이끌어주는 유대감과 집중력이 새로운 소리를 창조한 것입니다. 그리고 단원들도 모두 이 진실을 알고 있지요."

"당신이 조직의 리더라면, 그래서 지휘대에 올라가 지휘봉을 흔들어야 하는 입장이라면 팀의 변화를 확실하게 이끌 책임이 있습니다. 그럭저럭 만족할 만한 수준의 업무 처리에 안주해서는 안 됩니다. 당신은 팀원들이 자유로운 상상력을 마음껏 펼치도록 도와줄 수 있어요. 오늘 이 자리에 모여 저와 오케스트라 연주를 보셨으니 앞으로 리더의 책임감을 회피하는 일은 없을 겁니다."

드디어 오케스트라의 전체 공연이 열정적인 연주로 마지막을 장식했다. 직원들이 기뻐하는 모습을 보며 지휘자는 마지막으로 자리를 옮겨보라고 권했다. 많은 사람이 지휘대로 올라가 지휘자를 에워쌌다. 그리고 다시 이어진 연주를 그곳에 서서 경청했다. 현악기의 마지막 선율이 끝나는 순간 메인 홀에 있던 직원들은 오케스트라 전체를 영웅처럼 받들며 칭찬을 아끼지 않았다.

젊은 카펠마이스터 시절의 내가 니키슈의 손짓 하나로 왜 오케스트라의 음향이 그렇게 달라지는지, 또 어떻게 해서 특별한 강세를 주지 않는 목관악기, 레가토로 연주하여 소리가 울리는 현악기, 자연스럽게 끼어든 금관악기가 나머지 악기들과 금방 한데 어우러지며 다른 지휘자에게서는 찾아보기 힘든 따뜻한 음향을 만들어내는지를 이해하는 데 얼마나 오랜 시간이 걸렸는지 몰라요. - 빌헬름 푸르트벵글러

마에스트로

오케스트라 공연은 수련회 내내 화젯거리였다. 공연이 있던 다음 날, 토론회와 일반 회의에 참석한 직원들에게서 지금껏 보지 못했던 열 기가 느껴졌다. 게다가 열린 대화를 이끌어가는 모습이나 자기와 다른 시각을 이해하려는 태도가 몰라보게 달라졌다. 특히 매사에 비타협적이 고 고집 센 직원들이 자발적으로 내게 다가와서는 오케스트라 연주에 대 해 거리낌 없이 이야기하는 걸 보고 속으로 깜짝 놀랐다.

　나는 공연이 시작되기 전 메인 홀에 들어가는 직원들의 모습을 유심 히 관찰했다. 대부분 같은 부서 직원끼리 무리를 지어 안으로 들어갔다. 매일 가까운 곳에서 일하는 한솥밥 동료들이니 함께 들어가는 게 그리 놀랄 일은 아니었다. 비슷한 근무 환경과 교육, 전문 용어를 같이 쓰는 사람들끼리 뭉치는 건 당연했다. 하지만 지휘자가 미리 준비한 자리 배치에 따라 흩어져 앉다보니 싫든 좋든 동료와 떨어질 수밖에 없었다. 그런데 공연이 끝나고 홀을 빠져나가는 직원들은 신기하게도 다른 부서 직원들과 대화를 나누며 발걸음을 재촉했다.

물론, 연주자들도 악기별로 자리가 배치되기는 매한가지다. 금관악기 파트와 현악기 파트가 나뉘어 있지만 연주가 시작되면 파트 구별은 무의미해진다. 악기 소리가 또다른 소리와 절묘하게 섞이면 고유한 소리를 구분하기란 힘들다. 마치 캔버스에 유화를 그릴 때, 여러 색을 혼합한 유성 물감의 고유한 색을 분리해낼 수 없는 것과 같은 이치랄까.

여러 소리가 혼합되어 조화로운 화음이 만들어지는 데 나를 비롯해 회사 직원들의 심금을 울린 주체는 바로 오케스트라가 내는 멋진 화음이 아닐까 생각해본다. 실제로 오케스트라 공연을 본 후, 나와 직원들은 회사라는 조직을 바라보는 시각이 많이 달라졌다. 또 회사를 위해 무슨 일을 해야 할지 새롭게 조명하는 시간이 됐다. 지휘자는 우리가 해야 할 일을 직접적으로 말해주지는 않았다. 우리가 스스로 깨우칠 수 있도록 우회적으로 유도하기만 했다. 지휘자의 현명한 준비 덕분에 직원들은 자신의 가능성을 새롭게 발견하거나 일에 대한 열정을 되찾을 수 있었다. 여기서 누가 말해줘서 알게 된 것이 아니라 직원 스스로 깨달았다는 점이 중요했다.

문제는 비전이다

수련회가 끝나고 2주쯤 지나 나는 지휘자를 점심 식사에 초대했다. 이 자리를 빌려 그에게 고마움을 표현하고 이번에 지휘자와 오케스트라 단원들이 내게 얼마나 많은 도움을 줬는지 알려주고 싶었다. 하지만 수련회 때 성공적으로 끝난 연주에 만족스러워하며 기분 좋은 시간을 보내면서도 마음 한쪽에서 자꾸 고개를 드는 의구심만은 어쩔 수 없었다. 의심쩍어하는 부분이 정확하게 무엇인지 말할 순 없지만 자꾸 내 신경을 건드리는 것만은 확실했다. 나는 할 수 없이 마에스트로에게 속내를 털어놓기로 마음먹었다.

수련회가 진행 중일 때만 해도 낙관적으로 생각했지만 회사로 돌아와 현실과 부딪치다보니 나는 다시 하루하루 힘겨운 나날을 보내고 있었다. 수시로 바뀌는 비즈니스 세계의 동향을 따라가는 것만도 벅찰 정도였다.

내가 오케스트라에게 배운 점을 수련회를 마련해 직원들에게 알려준 일은 내가 생각해도 참 잘한 일이었다. 어려움에 부딪힐 때마다 나와 직원들은 그때 얻은 교훈을 발판으로 삼아 문제를 극복하려고 노력할 것이다. 마에스트로는 리더가 해야 할 일은 항상 머릿속에 품은 비전대로 팀원을 이끄는 것이라고 말했다. 그러면서 리더가 하는 행동과 말, 얼굴 표정은 모두 머릿속에서 강렬히 빛을 발하고 있는 비전과 직결된다고 강조했다. 바로 이 부분이 나를 좌절의 구렁텅이로 밀어넣는 것만 같은 생각이 불현듯 들었다. 점심 식사 중반에 가서야 드디어 나는 그토록 나를 힘들게 하는 대상이 무엇인지 알아냈다.

오늘 상황을 처음부터 간단하게 요약하자면 지휘자와 나는 음식점 테이블에 마주 앉았는데 처음에는 그에게 느끼는 깊은 고마움을 전하느라 바빴다. 지휘자는 자신의 연설이 회사 직원들에게 어떤 영향을 주었는지 여러 사례를 들을 때 무척 즐거워했다. 그러다가 갑자기 나를 힘들게 하던 골칫거리가 뇌리를 스쳤다.

"그런데 한 가지 꼭 말씀드릴 게 있어요. 지휘자 선생님이 비전을 세울 때 하시는 초반 작업 말인데요. 저는 그렇게 할 수가 없습니다."

지휘자는 식사를 멈추더니 호기심이 가득한 얼굴로 나를 쳐다봤다.

"더 자세히 말씀해보세요."

지휘자는 내 얘기를 더 듣고 싶어했다.

"그게 말이죠. 아, 선생님이 1840년대에 작곡된 교향악을 지휘할 때 생각하신 비전에 대해서 말해볼게요. 멘델스존이 종이에 음표를 적은 때부터 그 악보는 지금까지 달라지지 않았어요. 작곡가가 쓴 악보가 현대에 들어와서도 전혀 변하지 않았기 때문에 선생님은 많은 배경 지식을 동원해 원곡을 있는 그대로 재현할 수 있었지요. 그런 다음 연주자들이 선생님의 비전을 살려 연주할 수 있도록 리허설을 여는 거구요."

"네, 맞아요."

지휘자가 대답했다.

"하지만 제 경우엔 맞지 않았어요. 요즘 시대에 회사를 경영하는 사람이라면 누구나 제 말에 공감할 거예요. 지금은 눈 깜짝할 사이에 비즈니스 게임의 규칙이 수시로 바뀌고 있어요. 그러니 어떻게 처음 생각한 비전을 끝까지 밀고 나갈 수 있겠어요? 눈앞에서 수시로 사업 흐름이 바뀌는데 말이에요. 당신이 아직 확인하지 못한 음표가 연주되고 있는 상황에서 어떻게 처음에 품은 비전을 믿을 수 있겠어요?"

지휘자는 내 말이 아직 끝나지 않았다는 걸 직감적으로 느꼈다.

"더 말씀해보세요."

"큰 회사를 경영하는 리더라면 수만 명이 넘는 직원이 날마다 수행하는 작업과정을 일일이 확인할 수 없어요. 지휘자는 악보에 있는 음표 하나하나를 확인할 수 있지만 우린 달라요. 그러니 지휘자와 회사 경영자를 동일 선상에서 보는 건 무리가 있지요."

마지막 말을 내뱉는 순간 나는 나의 솔직한 표현에 지휘자의 마음이 상하지 않았기를 빌었다.

따지고 보면 지휘자가 회사 운영과 관련 있는 조언을 내게 해준 건 아니었다. 지휘자는 연주자들과 함께 일하는 방식을 내게 일러준 것일 뿐이지 그의 잘못은 아니었다. 단지, 내가 회사에서 느끼는 개인적인 좌절감 때문에 그에게 상처가 되는 말을 한 건 아닌지 걱정이 앞섰다. 다행히도 지휘자는 내 말을 이해한다는 표정을 지으며 나를 안심시켰다.

"아주 중요한 지적을 해주었군요. 그 점에 대해선 나도 고민을 해봐야 겠어요."

지휘자는 잠깐 침묵을 지키더니 다시 입을 열었다.

"당신은 내게 회사 경영자들이 겪는 어려운 과제들에 대해 알려줬어 요. 맞아요. 나처럼 지휘만 평생 해온 사람은 그쪽 분야와는 전혀 다른 삶을 살고 있어요. 당신의 직업과 비슷한 일을 전혀 한 적이 없던 나로서 는 당신과 회사 사람들을 나만의 세계로 초대하는 일이 폐가 되지는 않 을까 고민했답니다. 내가 잘못 생각한 건가요?"

지휘자는 다시 입을 굳게 닫았다. 그가 마지막 질문에 대해 골똘히 생 각하고는 있지만 자기 입으로 경솔한 대답을 하지 않을 것을 나는 누구 보다도 잘 알았다. 나는 등을 의자에 대고 지휘자가 답을 주기만을 기다 렸다.

"제가 지휘하는 클래식 음악에 대해 사람들이 오해하고 있는 게 있어 요. 악보에 있는 음표를 틀리지 않고 정확하게 연주하는 걸 매우 중요하 게 여기기 때문에 보통 사람들은 우리가 현장에서 즉흥적인 공연을 하는 재즈 음악가들만큼 즉석에서 곡을 만들거나 창의적인 연주를 할 수 없다 고 생각해요. 하지만 절대 그렇지 않아요! 연주자들이 음표에만 집착한 다고 생각하면 착각이에요! 물론 음표는 연주를 위한 필수 요소예요. 그 리고 당신이 아까 지적한 것처럼, 작곡가가 종이에 적은 메모들이 모여 악보가 탄생되죠. 하지만 음표들은 마치 복잡한 전기회로를 이루는 전선이나 다름없어요. 일단 회로가 완성되고 불이 들어오면 여러 갈래로 이어진 전선을 따라 전류가 흐르면서 놀라운 결과를 낳는답니다."

"하지만 리허설을 할 때마다 지휘자 선생님께서는 음표에 대해 자주 언급하셨던 걸로 아는데요."

나는 지휘자의 말에 이의를 제기했다.

"그러면서 음표를 길거나 짧게 끌어야 할 때, 여러 음이 이어지듯 자연스럽게 연주할 때와 끊어진 듯 연주할 때, 무겁거나 가벼운 느낌을 연출할 때, 소리가 잘 드러나야 할 때와 은밀하게 감춰져야 할 때를 지적하며……"

"네, 맞아요. 그랬어요."

지휘자가 웃으며 내 말을 도중에 끊었다.

"그 말이 맞아요. 하지만 전기회로가 완벽하게 조립되어야 강한 전기가 다른 곳으로 새나가지 않지요. 하지만 모든 음표가 정확하게 연주되어도 진정한 음악이 나오지 않을 때가 많답니다."

"어떻게요? 잘 이해가 안 되는데요."

내가 믿을 수 없다는 반응을 보이자, 지휘자는 두 눈을 감으며 잠시 생각에 빠졌다.

"아마도 하이든이 작곡한 테레사 미사곡을 모르시나보군요."

나는 대답 대신 고개를 저었다.

"하이든의 작곡 실력이 절정에 달했을 때 만든 명곡이에요. 예전에 아마추어지만 훌륭한 가창 실력을 갖춘 합창단과 이 곡을 같이 연습한 적이 있었지요. 두번째 악장이 사도신경 Credo 이었는데 사도신경의 내용은 가톨릭 신앙의 교리를 적어놓은 것이에요.

리허설이 진행되는 동안 합창단이 멋진 화음을 이루며 노래를 불렀는데 음정, 박자, 빠르기가 다 정확했어요. 하지만 합창이 악보에 적힌 대로 따라하는 것 외에는 소리에서 어떤 영혼도 느껴지지 않았지요. 음표는 틀리지 않았지만 소리의 진정성이 없었답니다. 그래서 저는 음악에 대한 세부 사항을 지시하며 최선을 다해봤어요. 하지만 아무 소용없었어요."

"그래서 어떻게 했나요?"

"나는 합창단에게 다음과 같은 가상의 이야기를 제안했어요. 우리나라가 수십 년간 외국의 군사 점령하에 살았다고 가정해보자고 했지요. 그 때문에 애국가를 부르는 것마저 불법이 될 정도로 심한 핍박을 받고 있다고 설명했어요. 모든 사람이 노랫말과 음을 알고는 있었지만 오랜 시간 노래를 들어보지 못한 채 살아왔다고 했지요. 그러던 어느 날, 나라가 독립해 광복을 맞이했어요. 우리나라를 지배하던 전제 국가가 무너지면서 그렇게 기다리던 해방의 날이 왔지요. 사람들은 광장으로 뛰쳐나와 애국가를 불렀어요. 하지만 시작 부분의 음을 아는 사람이 없었어요. 게다가 노래를 처음부터 끝까지 이끌어줄 사람도 없었지요. 그럼에도 불구하고 광장 주변에 모인 사람들이 음은 몰랐지만 조부모, 증조부모가 자라면서 불러온 애국가 가사를 중얼거렸답니다. 그 광경이 어땠을 것 같나요? 어떤 소리였을까요?"

"정말 어떤 소리였을까요?"

"처음에는 모두 독립을 확신했기에 신념을 노래하고 있다는 인상을 받았어요. 음표의 정확성이 문제가 아니라 사람들이 느끼는 확신이 더 중요했던 거지요. 많은 사람을 하나로 이어주는 강한 유대관계를 느끼는 것이야말로 그들이 그토록 바라던 공동의 신념이었으니까요. 만약 그런 애절한 감정 없이 하이든의 사도신경을 부른다면 아마도 하이든의 작곡 의도를 살리지 못한 것과 같겠죠. 악보에 적힌 음표가 모두 정확하다 해도 그건 하이든의 곡이 아닌 거죠."

"무슨 말인지 알겠어요. 그러니까 지휘자가 전류를 흐르게 만든 다음 음악가들이 음표라는 전선을 따라 이동하게 만드는 거군요."

나는 지휘자의 생각에 공감한다는 의사를 표했다.

"아뇨. 꼭 그런 건 아니에요. 전류를 흐르게 하는 건 내가 아니라 노래를 부르는 음악가들이니까요. 내가 하는 일은 그들에게 영감을 불어넣는 비전을 만드는 거예요. 그리고……"

지휘자가 내 눈을 똑바로 주시하며 말을 이었다.

"악보는 내가 뭘 해야 하는지 가르쳐주지 않아요. 매번 리허설을 하고, 공연할 때마다 비전을 상상하는 건 지휘자의 몫이죠. 지휘자의 상상력이 200년의 역사가 담긴 오래된 악보의 먼지를 훌훌 털어버릴 수 있지요. 그래서 작품에 생명을 불어넣어 대담하면서도 신선한 분위기를 연출해요. 작품이 보여주는 대담성과 신선함은 회사 경영자가 전날 밤 들은 소식을 무색케 하는 기업의 발전 속도만큼이나 놀랍답니다."

점심 식사가 끝난 뒤, 나는 마에스트로에게 마지막으로 진심 어린 감사의 말을 전했다.

지휘자는 할 말이 계속 남았는지 멈출 기미가 없었다.

"내가 그런 것처럼 당신도 회사에서 최상의 결과를 얻으려면 모든 사람이 공통된 목적을 이루기 위해 화합해야 할 겁니다. 물론 모든 부서에 있는 직원들이 매일 무엇을 했는지 아는 건 불가능합니다. 하지만 당신은 그들이 최선을 다해 일할 가치가 있다는 생각이 들도록 동기를 부여해야만 합니다. 그리고 직원들이 자신의 부서가 이루려고 하는 목표가 다른 부서의 목표와 어떻게 이어지는지 바로 생각할 수 있는 사내 환경을 조성해야 합니다. 그래야만 회사 직원들이 다방면으로 이뤄놓은 업무가 회사의 비전을 실현하는 데 큰 영향을 끼칠 수 있지요. 그때야 비로소 당신은 훌륭한 인재들을 얻게 될 겁니다."

"애국가를 부르는 것처럼 노래한다는 발상이 합창단의 재능을 일깨워주리라는 건 어떻게 확신했나요?"

"글쎄요. 어쩌면 그 부분이 바로 내 일과 당신의 일의 공통분모가 아닐까 싶네요. 우리 둘 다 조직 구성원의 장점과 단점을 잘 알고 있지요. 그래서 장점은 최대한 살리고, 단점을 줄이려고 애쓰는 것도 우리가 하는 일이에요. 매력이 넘치는 비전을 세우는 것이야말로 구성원에게 강력한 영감과 동기를 부여하는 일이랍니다. 더불어 모두 같은 곳을 바라볼 수 있도록 이끄는 건 두말할 나위가 없죠."

예술가 정신과 기업가 정신

나는 그의 말에 수긍한다는 뜻으로 천천히 고개를 끄덕였다. 방금 전에 갑자기 열을 받아 흥분했던 것도 어느덧 진정됐다. 오늘날의 기업 환경은 우리가 미리 세운 전략을 무용지물로 만들어버리기 일쑤다. 때문에 우리는 전략에 대해 여러 번 생각할 수밖에 없다. 하지만 우리가 하는 회사 일을 정의해주는 확실한 비전 없이는 어떤 기업이라도 방황을 할 수밖에 없다. 그렇게 되면 정말로 상황이 힘들어지는데 일이 잘못된 방향으로 흘렀다가는 나중에 회복조차 하기 어려운 최악의 수렁에 빠질 위험이 있다.

"그렇다면 사도신경 곡을 합창단이 불렀을 때, 지휘자 선생님은 그들이 단순히 합창만 하는 게 아니라 단원들이 모두 공통된 확신을 가지도록 유도한 거군요."

"바로 그거예요. 지휘자는 연주자들이 기술적인 능력technical skill과 음악가의 정신musicianship, 예술성artistry을 두루 갖춘 상태에서 연주하길 바라지요. 그렇기 때문에 단원들이 작품에 담겨 있는 의미를 찾으려고 애쓰는 걸 가만히 보고 구경할 수가 없어요. 지휘자는 단원들이 그 의미를 찾도록 보조자 역할을 하면서도 스스로 찾게 해준답니다."

"네, 그 말은 전에도 들은 것 같아요. 그런데 기술적인 능력, 음악가의 정신, 예술성의 정확한 뜻이 무엇인지 궁금하네요."

지휘자는 의자 깊숙이 몸을 밀며 잠시 심호흡을 했다.

"용어 풀이에 대해서는 이렇게 설명하면 되겠군요. 연주자에게 가서 '위대한 바이올린 연주자' '위대한 음악가' '위대한 예술가' 가 정확히 어떻게 다른지 한번 물어보세요. 아마 많은 연주자가 이렇게 말할 겁니다.

먼저, 위대한 바이올린 연주자란, 바이올린을 연주할 때 넘어야 할 고난이도의 기술을 모두 섭렵한 사람을 말해요. 말하자면 활을 완벽하게 제어하며 즉각적으로 반응할 수 있는 유연성이 뛰어나고 높은 수준의 기술을 선보이는 것은 물론, 활을 효율적으로 움직일 줄 아는 게 바로 고난이도 기술이죠. 이런 기술을 터득한 연주자는 아름다운 선율을 가락에 맞게 연주하여 전체 레퍼토리를 문제없이 소화한답니다. 그럼, 연주를 들은 사람들이 그의 '훌륭한 바이올린 연주' 를 칭찬하지요."

나는 다 맞는 말 같아 계속 고개만 끄덕거렸다.

"두번째로 위대한 음악가란 다른 동료들과 함께 훌륭한 연주를 해낼 줄 아는 사람이에요. 자신의 파트 외에도 다른 연주자들의 소리에 관심을 두지요. 위대한 음악가는 적극적으로 소리를 들으며 다른 동료와 협조하는 법을 잘 알아요. 또 음악을 이루는 기본 요소들에 흠뻑 매료된 사람들이랍니다. 기본 요소에는 박자, 화음, 가락의 형태, 대위법

등이 있는데 이 모든 걸 빠짐없이 듣는 사람이 있어 더욱 빛날 수 있지요. 사람들은 이런 연주자를 '위대한 음악가'라 부르지요."

"그럼, 위대한 예술가는 또 어떻게 다른가요?"

궁금증을 더이상 참을 수 없어 내가 먼저 물었다.

"아!"

그는 가벼운 숨을 몰아쉬며 대답을 이어갔다.

"위대한 예술가는 여러 방면에서 예술활동을 하는 사람으로 그에게 있어 음악은 악기를 연주하고, 악보에 적힌 음표를 따라하는 것에서 한층 더 승화된 것입니다. 소리가 내는 이펙트effect, 즉, 소리의 느낌과 인상까지 신경 쓰는 연주자를 말하지요."

지휘자는 내가 잘 이해하지 못해 애를 먹고 있다는 걸 눈치 챘는지 부드러운 목소리로 다시 설명했다.

"물론, 이러한 기술을 말로 설명한다는 건 어려운 일이에요. 그에게 음악은 다른 수단으로는 결코 인식하거나 표현할 수 없는 심오한 진리를 드러내니까요. 그 소리의 느낌이란……"

지휘자가 잠시 말을 멈추었다.

"그 느낌은 절대적이며, 모든 시간을 초월하지요. 인생보다 더 원대하고 중요한 그 무언가를 느끼게 하니까요. 위대한 예술가는 음악이 그런 느낌을 이뤄낼 수 있다고 믿으며 그 경지에 이르기 위해 끊임없이 탐구

하지요. 하지만 위대한 예술가라고 해서 매번 그런 느낌을 끌어낼 수 있는 건 아니랍니다. 자주 있는 일이 아니지만 그래도 이들은 포기하지 않고 끝까지 노력해요."

"그럼 선생님은 위대한 예술가의 연주를 듣고 나서 뭐라고 말하나요?"

나는 마지막 질문을 하며 지휘자의 대답을 잠자코 기다렸다.

"말로 형언하기조차 힘들어요. 저는 그저 그의 음악에 경외감을 느끼며 멍하니 서 있지요."

나는 지휘자가 설명한 위대한 연주자의 정의에 대해 다시 생각해보았다. 우리 회사가 성공적인 결과를 얻었을 때를 보면 대개 기술적인 능력이 뛰어난 전문가의 도움이 컸다. 회사는 여러 부서로 나뉘어 있으며 부서마다 전문 기술을 가진 일인자들이 있다. 우리는 각 부서의 능력을 최대한 활성화하기 위해 직원마다 특성화된 역할을 부여하며 다른 동료와 차별화된 업무를 지시했다. 하지만 그 결과, 회사라는 조직이 수많은 조각으로 분리되고 말았다. 아무리 똑똑한 직원들이라도 눈앞에 닥친 과제와 목표만 알았지 회사 전체와 관련 있는 과제와 목표에 대해서는 눈 뜬 장님과도 같았다. 특히 해당 과제나 목표가 달라지는 것조차 모르는 경우가 많았다.

그래서 내가 처음 부서 책임자들을 통솔하라는 임무를 부여받았을 때 책임자들이 만났다 하면 말다툼을 벌이고 이견을 좁히지 못해 여전히 각을 세워도 전혀 손을 쓸 수가 없었다. 리더십팀이 소모적인 논쟁을 벌이는 동안 시시각각 변하는 고객의 요구를 만족시키는 일은 점점 더 어려워졌다. 또 직원들은 잠재적인 기회 요소를 찾는 일에 소홀했으며 앞으로 언제 닥칠지 모르는 위기의 순간들을 심각하게 생각하지도 않았다.

지금 시점에서 우리 회사에 필요한 인재는 바로 마에스트로가 말한 위대한 음악가 정신과 비슷한 기업가 정신으로 무장한 전문가이다. 개인적으로 자질을 발휘하는 동안에도 전문가는 다른 부서가 하는 일에 대해 잘 알고 있어야 한다. 회사가 고객 서비스를 위해 다방면에서 어떤 협력을 하고 있는지도 알고 있어야 한다. 또 위대한 연주가가 주변의 소리에 귀를 기울이는 것처럼 남의 말을 경청할 줄 아는 전문가가 회사에 필요했다. 그래야 전문가가 고객, 제품 공급업체, 그 밖에 회사와 관계된 파트너들을 상대할 때 단순히 상품을 파는 데만 급급한 것이 아니라 상대방의 말에 귀를 기울이면서 더 많은 것을 얻을 수 있기 때문이다. 우리는 다른 사람과 협력하며 일하는 것이 서로의 성장에 도움이 되는 절호의 기회라는 걸 직원들에게 알려줘야 했다.

나는 새로운 비전을 떠올렸다. 바로 지금, 우리 회사가 이뤄야 할 과제들을 지시해줄 이상적인 리더의 모습을 머릿속으로 그려보았다. 귀를 기울일 줄 아는 리더라면 분명 회사 안의 다양한 전문가의 말을 이해하며 경청할 수 있을 것이다. 그리고 이런 리더라면 자기가 이해한 내용이 맞는지 수시로 점검하는 것은 물론 토론과 논쟁을 거듭할 때마다 겉으로 드러나지 않은 숨은 의미를 파악하려고 애쓸 것이다. 다른 사람의 말을 적극적으로 듣는 리더라면 그를 따르는 직원들도 자유롭게 자신의 의견을 밝히고 다른 사람의 말을 들어줄 것이다. 그렇게 되면 여러 생각이 한곳에 모여 새로운 가능성을 낳는 아이디어가 생길 것이다. 리더는 위대한 예술가처럼 직원들이 토론 주제와 회사의 높은 목표 사이의 연관성을 파악할 수 있도록 물심양면으로 도와줘야 한다.

그가 묘사한 장면이 계속 머릿속에서 맴돌았다. 나는 그때의 상황을 더욱 생생하게 그려보았다. 프로는 아니지만 어느 정도 실력을 갖춘 합창단은 각자 가진 재능과 지식을 총동원해 열심히 노래했다. 하지만 그들의 노력에도 불구하고 노래는 여전히 나아질 기미가 보이지 않았다.

그때 지휘자는 합창단에게 생동감과 에너지, 동기부여, 결단력에 영감을 줄 만한 9개의 악구sentence에 대해 설명했다. 합창단은 다시 한번 노래에 헌신해야겠다고 다짐하며 모든 음표와 가사의 음절에 신경 썼다.

지휘자는 합창단 각각의 구성원이 어떤 사람이며, 또 무엇을 하는 중인지 참된 의미를 일깨워 준 것이다. 합창단은 단순히 21세기 초반 어느 스튜디오에 모여 리허설을 하는 집단으로 정의하지 않았다. 그들은 민족을 대표해 목소리를 높여야 하는 사람들이었다. 옛 조상을 비롯해 다음 세대의 후손들을 대표해 나라에 일어난 중요한 순간을 기념하기 위해 그들이 나선 것이다.

합창단의 달라진 모습이 내내 머릿속을 떠나지 않는 이유를 이제야 알 것 같았다. 합창단의 전 모습은 내가 이 회사에 처음 들어와서 만난 부서 책임자들을 연상시켰기 때문이다. 책임자들은 열심히 노를 저으며 배를 움직였지만, 배는 여전히 표류하며 위험에 처해 있었다. 하지만 합창단의 달라진 후반 모습은 키를 제대로 잡은 지도자가 리더십을 발휘하는 회사를 말하는 건지도 몰랐다.

마에스트로와 프로페서의 차이

우리 회사의 일상을 들여다보면, 직원들은 매일 직장에 나와 시한에 쫓겨 일을 마무리하느라 바빴다. 또 의무적으로 참석해야 하는 회의에 들어가고 회의가 끝나면 미결된 서류를 처리하느라 고생이 많았다. 게다가 개인 업무일지를 작성하는 것도 잊으면 안 되는 하루 일과였다. 합창단이 처음에 보였던 모습처럼 회사 직원들 역시 현상 유지만 하는 선에서 그치는 진부한 업무 행태를 벗어나지 못했다.

만약 직원들을 이끄는 리더가 모든 사람을 포용할 만한 미래의 비전을 제시한다면 어떨까? 모든 직원과 관련된 결과물을 이루는 일에 대한 무엇보다 소중한 비전이라면? 직원들은 그날그날의 업무만 아는 것이 아니라 더 나아가 회사가 새롭게 생각하는 실현 가능한 멋진 가능성을 이해할 수 있을 것이다. 앞으로 내가 직원들에게 이와 같은 비전을 제시한다면? 만약 그렇게 된다면 앞으로 회사의 미래가 어떻게 바뀔지 두고 볼 일이다.

식사를 마치고 회사로 돌아가는 내내 여러 생각이 머릿속을 스쳤다. 그런데 갑자기 회사 앞에 도착한 순간 마음이 복잡해졌다. 나는 사무실로 들어가는 대신 회사 내에 있는 도서관으로 직행했다. 그러고는 이탈리아어/영어 사전을 꺼내 알고 싶은 단어가 나올 때까지 엄지손가락으로 페이지를 넘겼다.

'마에스트로'의 사전적 정의를 찾아보니 '마스터master, 스승teacher, 튜터tutor, 지도자'로 간단하게 나와 있었다. 나는 비록 사전에는 없지만 훨씬 중요한 뜻이 있을 것만 같아 사전의 의미가 탐탁지 않았다. 다시 회사로 돌아가 이탈리아에서 태어나 자란 동료에게 찾아갔다. 마에스트로가 이탈리아어로 어떤 뜻을 담고 있는지 묻자 동료는 다정한 눈빛으로 나를 바라봤다.

"사전에 적힌 말이 맞긴 해요. 마에스트로는 거기 적힌 모든 사람을 지칭하는 단어니까요. 하지만 미묘한 차이를 강조하자면, '스승'에 제일 가까워요. 학위를 따기 위해 알아야 할 객관적인 사실을 가르치는 사람이나 전문 분야를 배우기 위해 정보를 주는 사람은 그냥 '교수professore'라고 칭하니까요."

이탈리아 태생인 동료가 마지막에는 고개를 가로저으며 대답했다.

"마에스트로는 신념과 가치를 가르치는 사람이에요. 세상에 대한 호기심, 배움이 자유를 준다는 신념, 단순한 욕구를 채우는 데 만족하지 않고 그보다 고양된 대상을 탐구하고자 하는 용기, 평생 명심해야 할 이상

등을 가르치는 사람이지요."

나는 동료의 친절한 답변에 고마움을 표한 다음 사무실로 이어진 복도를 따라 걸어갔다. 그러면서 속으로 생각했다.

'앞으로 할 일이 참 많겠구나!'

마주어는 단추를 푼 셔츠를 입었다. 형식에 얽매이지 않는 옷차림이다. 그는 지휘봉을 들지 않고 마치 곰 같아 보이는 크고 획이 굵은 몸짓으로 오케스트라를 쥐고 흔든다. 중간중간에 연주자들에게 논평을 하기도 하지만 집중력을 놓치는 법은 없다. 마주어는 한 시즌 만에 무감한 합주단을 따스한 매력이 가득한 오케스트라로 변화시켰다. ─〈뉴욕 타임스〉가 쿠르트 마주어의 연주를 평가한 기사

『클래식 리더십Maestro』의 주요 사건들은 내가 실제로 겪은 경험담을 바탕으로 구성한 이야기다. 회사에 뮤직 패러다임 프로그램을 소개하고 싶어하는 관리자들의 연락을 받으면서 나는 지금까지 수도 없이 강연을 하러 전 세계를 여행했다. 그러면서 그곳에서 있었던 일을 밑거름으로 『클래식 리더십』의 주요 장면을 묘사할 수 있었다. 지금까지 다양한 업종의 기업체를 상대하면서 경험한 문제와 해결책을 모아 이 책을 완성한 것이다. 그러면서 수많은 회사 간부들과 컨설턴트, 코치들에게 진 빚이 많다. 특히 『클래식 리더십』이 출간되기까지 물심양면으로 많은 도움을 아끼지 않은 사람들이 있다.

폴 칸은 내가 뮤직 패러다임을 구상하던 초반에 이 프로그램의 잠재적인 가치를 발견한 사람으로서 미래를 예견할 줄 아는 유능한 인재이다. 칸은 상상 속에만 존재하던 가능성을 현실로 이끌어준 고마운 사람이다. 또 스튜어트 블라인더는 경영 전략가이자 혁신을 주도하는 개혁가로 레버브러더스^{Lever Brothers} 사 공급망을 성공적으로 이끄는 데 공헌한 인물이다. 그의 성공담은 내가 이 책을 집필하는 데 많은 영감을 주었다. 셸던 짜프니크^{Sheldon Czapnick}는 내가 겪은 수많은 에피소드 중 책에 넣을 만한 이야기들을 간추리는 데 큰 도움을 주었다. 특히 딴 길로 새기 쉬운 일화들의 흐름을 잘 잡아주었다. 그리고 체험을 통해 깨달을 수 있는 뮤직 패러다임의 전반적인 체계를 한 권의 책으로 옮기기까지 옆에서 많이 지지해준 에드 스탠포드에게도 고마움을 전한다. 『클래식 리더십』에 여러 과제를 해결하는 데 필요한 지혜로운 조언을 담을 수 있었던 것에는 그의 공이 컸다.

또한 회사 경영과 관련된 심도 있는 지식과 사려 깊은 통찰력이 필요할 때마다 네빌 오스린, 울리히 네트샤임, 스티브 컨, 켄 케슬린을 찾아갔다. 그래서 『클래식 리더십』을 읽다보면 페이지 곳곳에 담긴 그들의 자취를 느낄 수 있다.

출판사가 나의 첫 저서를 편집하는 동안 초고본에 엄청난 변화가 생길지 전혀 몰랐다. 에이드리언 잭하임은 초고본의 전체적인 흐름을 파악한 다음 주요 개념을 확실하게 강조하면서도 이야기를 짜임새 있게 재편성해 내용 전개를 매끄럽게 만들었다. 또 아드리안느 슐츠는 독자들이 내 책을 재미있게 읽을 수 있도록 페이지마다 세심하게 교정했다. 윌 웨이서와 모린 콜은 엘리자베스 헤이스와 함께 책을 세상에 내놓는 작업이 얼마나 값진 창조활동인지 보여줬다.

　전 세계 수많은 기업을 찾아다니며 수백 번 넘게 실시한 뮤직 패러다임 프로그램이 없었다면 나는 결코 이 책을 쓸 수 없었을 것이다. 훌륭한 음악에 대해 배우는 과정이 사내 회의에 어마어마하게 기여한다는 것을 깨달은 회사 리더들은 내가 강조하는 방식대로 기업을 경영하는 용기를 보여줬다. 그 결과 즉각적인 결과를 기대해볼 만한 새로운 리더십을 강력하게 밀고 나간 많은 리더가 현장에서 명성을 얻으며 실력을 쌓아갔다. 나는 리더들에게 이 책을 바치고 싶다. 또 그들이 몸담은 회사의 성공에 찬사를 보낸다.

　마지막으로 뮤직 패러다임 프로그램에 있는 오케스트라 공연을 할 때마다 열심히 참여해준 마이라 헤스, 크리스 톰슨, 수전 스파포드, 마고 요한슨, 아를로 맥키넌, 존 오스트로프스키, 캐럴 로전버그-맥쿨, 캐서린 스튜어트-린들리, 얀 썰비에게도 고마움을 전한다.

『클래식 리더십』의 작가와 뮤직 패러다임에 대해 더 자세히 알고 싶은 독자는 관련 웹사이트 www.musicparadigm.com를 방문해보자. 이 책에 영감을 준 뮤직 패러다임에 대한 기발한 내용을 접할 수 있을 것이다.

　뮤직 패러다임은 적게는 25명, 많게는 2000명이 넘는 참가자에게 확실한 결과를 보장하는 학습 효과와 고도의 적응성을 제공하는 음악 프로그램이다. 나는 지난 10여 년간 수백 곳이 넘는 기관과 일했다. 전 세계를 다니며 지금까지 금융기관, 정부기관, 법률사무소, 비영리단체, 병원, 대학, 주민자치기관 등 다양한 기관에 뮤직 패러다임을 소개했다. 이 프로그램에 참가한 기관들은 평생 기억에 남을 만한 경험을 했으며, 행사가 끝난 후 기발한 아이디어를 내는 것은 물론 뮤직 패러다임에서 얻은 교훈을 조직의 대화 주제와 사내 문화로 정착시키기까지 했다.

　세계적인 지휘자이자 뮤직 패러다임 프로그램을 창시해 기업 컨설턴트로 활약하고 있는 로저 니른버그가 이 책을 썼다고 했을 때, 나는 당연히 지휘자가 주인공인 1인칭 시점의 글을 기대했다. 그러나 번역을 시작하자마자 내 예상은 깨졌다. 화자는 바로 회사의 경영 부실로 걱정이 산더미 같은 기업 경영자였다. 주인공은 우연히 자신의 딸이 바이올린 지도 선생님과 나누는 대화를 엿듣게 된 것을 계기로 오케스트라 리허설을 찾아간다. 그리고 그곳에서 마에스트로를 만나면서 놀라운 리더십에 눈을 뜨기 시작한다.

　번역을 마치고 나니 만약 화자가 마에스트로였다면 이 책이 주는 감동이 훨씬 덜했을 수도 있겠다는 생각이 들었다. 주인공인 경영자가 회사에서 일상적으로 겪는 사건과 오케스트라 리허설에서 일어난 에피소드가 화자의 내레이션을 통해 번갈아가며 소개되는 『클래식 리더십』은 결국 마지막 장에서 회사의 팀장급 이상 직원들이 오케스트라 공연을 직접 보게 되면서 절정에 이른다.

저자는 오케스트라를 이끄는 것과 기업을 경영하는 일의 놀라운 유사성을 보여준다. 잘 통제된 내러티브와 우화적 기법을 통해 순식간에 독자들을 책 속으로 빨아들인다. 화자로 등장하는 CEO는 모든 것을 수량화하고 미세한 부분에까지 정확성을 기하는 우리 시대 경영자들의 표본처럼 보인다. 계량을 통한 과학적 경영 기법은 그간 뛰어난 경험치들을 제공해왔고 이 책의 CEO도 그런 기반 위에서 성공의 가도를 달려왔다. 하지만 경영 환경은 믿을 수 없을 만큼 빠른 속도로 바뀐다. 과학적 실험이라는 것은 외부의 조건이 달라질 때 가장 무너지기 쉬운 것이다. 그럴 때 우리는 변하지 않는 어떤 원리들에 도움의 손길을 뻗치게 된다. 주인공이 우연히 찾아간 오케스트라는 여러 개인으로 구성된 조직을 성공적으로 이끄는 근원적 지혜가 숨 쉬고 있는 곳이었다.

하지만 저자가 이끄는 뮤직 패러다임 프로그램이 없었다면 이처럼 쉽고 감동적인 스토리가 탄생하기는 힘들었을 것이다. 직관적인 통찰은 넘쳐나지만 그것이 현실에서 구현되는 구체적인 과정까지 보여주기는 쉽지 않다. 이 책은 CEO의 입에서 나온 합리적 지성으로 무장한 군대가 마에스트로의 성벽을 기어오르다가 정확한 대응 공격에 끊임없이 무너지는 격동적인 실시간 대화로 보이지만, 실은 수백 번에 걸친 기업 경영 자문의 시행착오와 현장 종사자들과의 토론을 통해 간취된 내용들이다.

결국, 회사든 오케스트라든 여러 개인으로 구성된 조직을 성공적으로 이끌어가기 위해서는 팀워크가 가장 중요하다. 개인이 아무리 뛰어난 재능을 갖췄더라도 전체적인 협력과 조화 그리고 배려 없이는 진정한 성공을 이루기 힘들다.

이 책을 한 장 한 장 넘기며 참된 리더십을 배우고 싶어하는 독자들은 마에스트로처럼 진정한 멘토가 되려는 사람일 것이다. 수많은 직원을 관리하는 기업이나 조직의 책임자도 있을 테고, 회사에 막 취직한 신입사원, 또는 취업을 꿈꾸는 학생들도 있을 것이다. 혹은 조직생활과는 전혀 관계없는 삶을 살고 있지만 마에스트로가 어떤 리더일까 궁금해 단순한 호기심으로 이 책을 손에 쥔 독자도 있을 줄 안다.

『클래식 리더십』은 자신이 몸담고 있는 조직이 어떤 곳이든 상관없이 개인이 전체와 하나로 연결되어 있다는 유대감을 느끼는 것이 얼마나 중요한지 새삼 깨닫게 해준다. 또 한 개인의 재능을 공동의 목표를 이루기 위한 도약대로 이용할 수 있는 지혜를 알려준다. 즉, 독립적인 개인이 회사란 커다란 조직을 이루는 작은 퍼즐의 한 조각이라는 것을 자각하게 해주는 동시에 개인이 타인으로 불리는 수많은 퍼즐 조각과 함께 멋진 그림을 완성하는 비결을 알려주고 있다.

책 중간 중간에 세계적인 마에스트로의 명언이나 또는 그들의 지휘 실력을 격찬한 글들을 소개해놓았다. 원서에는 없는 내용이지만 지휘의 거장들은 누구나 조직을 이끄는 훌륭한 자기만의 리더십을 갖추고 있다는 점을 감안해 최근 국내에 소개된 볼프강 슈라이버의 『지휘의 거장들』
(을유문화사)에서 몇몇 구절을 발췌해서 소개했다는 점을 밝혀둔다.

옮긴이 김규태

고려대 신문방송학과와 동대학교 대학원 졸업했으며, 미국 워싱턴 대학에서 MBA 학위를 취득한 후 번역가로 활동 중이다. 옮긴 책으로 『위대한 혁신』『영업파워』『인격의 힘』『소녀들을 위한 성공 노트』『영국』『캐나다』『용의 숨결』『로마이야기』『마야 잉카 이야기』『외다리 타조 엘프』『잘 자요』『유명한 과학자 100명』『심술꾸러기』『뱀을 데리고 산책하지 마세요』『내 이름은 두니아』『꿈의 조각가』 등이 있다.

클래식 리더십

초판인쇄 2009년 11월 24일
초판발행 2009년 12월 4일

지은이 로저 니른버그 | 옮긴이 김규태 | 펴낸이 강성민
기획부장 최연희 | 편집장 이은혜 | 마케팅 신정민

펴낸곳 (주)글항아리 | 출판등록 2009년 1월 19일 제406-2009-000002호

주소 413-756 경기도 파주시 교하읍 문발리 파주출판도시 513-8
전자우편 bookpot@hanmail.net | 전화번호 031-955-8891 | 팩스 031-955-2557

ISBN 978-89-93905-11-3 03320

에쎄는 (주)글항아리의 비소설 · 실용 분야 브랜드입니다.